Zur Berücksichtigung motivationaler Faktoren im Qualitätsmanagement

Mario Dieninghoff

Zur Berücksichtigung motivationaler Faktoren im Qualitätsmanagement

Lernerorientierte Qualitätstestierung in der Weiterbildung

Mit einem Geleitwort von Prof. Dr. Rainer Zech

Mario Dieninghoff
Koblenz, Deutschland

Masterthesis, Universität Koblenz-Landau, 2013

ISBN 978-3-658-06289-7   ISBN 978-3-658-06290-3 (eBook)
DOI 10.1007/978-3-658-06290-3

Die Deutsche Nationalbibliothek verzeichnet diese Publikation in der Deutschen Nationalbibliografie; detaillierte bibliografische Daten sind im Internet über http://dnb.d-nb.de abrufbar.

Springer VS
© Springer Fachmedien Wiesbaden 2014
Das Werk einschließlich aller seiner Teile ist urheberrechtlich geschützt. Jede Verwertung, die nicht ausdrücklich vom Urheberrechtsgesetz zugelassen ist, bedarf der vorherigen Zustimmung des Verlags. Das gilt insbesondere für Vervielfältigungen, Bearbeitungen, Übersetzungen, Mikroverfilmungen und die Einspeicherung und Verarbeitung in elektronischen Systemen.

Die Wiedergabe von Gebrauchsnamen, Handelsnamen, Warenbezeichnungen usw. in diesem Werk berechtigt auch ohne besondere Kennzeichnung nicht zu der Annahme, dass solche Namen im Sinne der Warenzeichen- und Markenschutz-Gesetzgebung als frei zu betrachten wären und daher von jedermann benutzt werden dürften.

Gedruckt auf säurefreiem und chlorfrei gebleichtem Papier

Springer VS ist eine Marke von Springer DE. Springer DE ist Teil der Fachverlagsgruppe Springer Science+Business Media.
www.springer-vs.de

*Für meinen Großvater
Heinrich »Bubi« Dieninghoff*

Geleitwort

Die heutige Lerner- und Kundenorientierte Qualitätstestierung gibt es dem Namen nach seit Oktober 2000, als ein Forschungs- und Entwicklungsprojekt von ArtSet unter dem Titel „Lernerorientierte Qualitätstestierung in Weiterbildungsnetzwerken" seine Arbeit aufnahm. Aus dem Ursprungsmodell für die Weiterbildung ist inzwischen eine ganze Produktfamilie für die personenbezogenen Dienstleistungen in Bildung, Beratung und sozialer Arbeit geworden. Das Qualitätsmanagementsystem für die Weiterbildung (LQW) wurde mittlerweile ergänzt durch analoge Verfahren für Schule (LQS), Kindertagesstätten (LQK), soziale Dienstleister (KQS) und Beratungsorganisationen (KQB) sowie einem Testierungsmodell für Bildungsveranstaltungen (LQB). Immer noch stehen bei allen Verfahren die Endabnehmer im Zentrum, auf die alle Qualitätsentwicklungen ausgerichtet sind. Weil es jetzt aber nicht mehr nur um Lernen geht, sondern auch um Beratung und soziale Dienstleistung, heißt es nun Lerner- und Kundenorientierte Qualitätstestierung.

Und nach wie vor wird Qualitätsentwicklung als Organisationsentwicklung und Professionalisierung verstanden. Das heißt, dass es sich bei der Lerner- und Kundenorientierten Qualitätstestierung nicht vordergründig um ein Prüfverfahren handelt, sondern dass es darum geht, eine umfassende Entwicklung der Organisationen durch Beratung zu unterstützen. Dabei müssen die interessierten Organisationen auch keine externe Testierung anstreben, sondern können die erklärenden Leitfäden der Qualitätsmodelle inklusive der umfänglichen Arbeitshilfen und Qualitätswerkzeuge – mittlerweile sogar ergänzt durch kompatible Managementinstrumente für die Gesamtorganisation[1] – für ihre internen Organisationsentwicklungen nutzen.

Das Wichtigste ist und bleibt aber, dass sich alles um das Gelingen dreht. Und das ist mehr als eine erfolgreiche Zertifizierung von Qualität. Es geht um die organisationalen Bedingungen der Möglichkeit von guter Arbeit und die Frage, wie diese so zu gestalten sind, dass die Adressaten und die Produzenten gleichermaßen davon profitieren. Gegen den Wahn, Alles und Jeden zu zertifizieren, geht es um die selbstbestimmte Gestaltung der Arbeitsbedingungen durch die Arbeitenden.

---

[1] Rainer Zech: Handbuch Management in der Weiterbildung. Weinheim 2010: Beltz

Damit sind wir bei der Arbeit von Mario Dieninghoff. Wenn es um das Gelingen geht, geht es um die Handlungsfähigkeit und das Können von Individuen. Und wenn es um die Verbesserung der Arbeitsbedingungen geht, kommt man ebenfalls um die Berücksichtigung der Arbeitenden nicht herum. Die Frage der Motivation in einem Qualitätsmanagement ist also von tragender Bedeutung. Grundsätzlich ist LQW als partizipatives Verfahren angelegt, sodass das Engagement und die Beteiligung der Mitarbeitenden der zentrale Aspekt des Gelingens von Qualität ist. Die Arbeit von Herrn Dieninghoff ist deshalb von Bedeutung, weil sie einerseits die bereits vorhandenen Motivationspotenziale von LQW ausweist, aber andererseits auch den Blick auf noch ungenutzte Motivationsmöglichkeiten richtet. Der zukünftige Weg in Richtung einer noch stärkeren Berücksichtigung personeller Faktoren zeichnet sich damit ab. Wir würden uns freuen, wenn Herr Dieninghoff in seiner weiteren wissenschaftlichen Arbeit diesen Weg im Interesse der Weiterentwicklung der Lerner- und Kundenorientierten Qualitätstestierung beschreitet.

Prof. Dr. Rainer Zech
ArtSet® Forschung Bildung Beratung GmbH

Vorwort und Dank

Eine tiefgreifende wissenschaftliche Auseinandersetzung mit einer bestimmten Thematik geht immer einher mit einschneidenden Veränderungen im privaten Leben. So müssen nicht nur vereinzelt Personen des Familien- und Bekanntenkreises auf einiges verzichten und für viele Dinge Verständnis aufbringen, sondern andere werden auch in einem übermäßigen Maße beansprucht und eingenommen. Wie überall im Leben, besteht die Kunst darin, ein aufkommendes Ungleichgewicht aufzufangen, dies gelingt allerdings nicht immer. Dann gibt es immer wieder gute Seelen, die das Gewicht ausgleichen und einem helfen. Und, wenn es auch nur ein offenes Ohr, für die doch so unverständliche wissenschaftliche Problematik, ist. Genauso dazu gehören die Leute, die in einer wissenschaftlichen Unternehmung den notwendigen Sachverstand und berechtigte Kritik einbringen. All diesen Leuten kommt besonderer Dank zu und diese sollen hier erwähnt werden. Die Reihenfolge der Erwähnung verdeutlicht keineswegs die Wichtigkeit dieser Personen, sondern orientiert sich vielmehr an zeitlichen Gegebenheiten.

Zuerst gilt ganz besonderer Dank meiner Mutter *Gabriela* und meinem Vater *Mario*, die mir mit vielen Höhen und Tiefen überhaupt eine akademische Laufbahn ermöglicht haben. Dazu gehört auch meine Schwester *Selina*, die so einige leidgeplagte Telefonate ertragen musste. Der Berufsgenossenschaft und speziell Herrn *Heiko Wegel*, danke ich vielmals für die finanzielle Unterstützung zur Aufnahme einer Maßnahme zur Teilhabe am Arbeitsleben und das entgegengebrachte Vertrauen. Meiner Lebensgefährtin *Nathalie* danke ich für die vielen verständnisvollen Monate in denen sie die Fürsorge für unseren Sohn *Fabio* übernehmen musste. Dieser hat mir besonders den Antrieb gegeben, diese Hoheitsaufgabe zu meistern und eine unsichere Zukunft in eine abgesicherte zu wandeln.

Den vielen Persönlichkeiten des wissenschaftlichen Lebens sei ebenfalls gedankt, so vor allem Herrn *Dipl.-Päd. Henrik Bruns,* für die Betreuung dieser Arbeit und die vielen konstruktiv-kritischen Auseinandersetzungen mit der Thematik und dem Zweitgutachter Herr *Prof. Dr. Henning Pätzold*, der für viele »kurze« Tür- und Angelgespräche immer verständnisvoll Zeit aufbringen konnte. Bei Frau *Frederike Erhart* vom ArtSet Institut, bedanke ich mich für die schnellen und umfassenden Antworten aller aufkommenden Fragen. Auch dem Modellentwickler Herrn *Prof. Dr. Rainer Zech* sei Dank gezollt, für die schnelle Beantwortung von Fragen, die im Zusammenhang mit der Modellentwicklung stehen und nur zu selten auffindbar sind. Herrn *Prof. em. Dr. Uwe Kleinbeck* und Herrn *Apl. Prof. Dr. Phil. Klaus-Helmut Schmidt* gilt besonderer Dank, für das zur Verfügung stellen der deutschen Fassung des Job Diagnostics Surveys zu wissenschaftlichen Zwecken und weiteren sich damit beschäftigenden Artikeln. Auch den Personen, die mich bei der abschließenden Korrekturlesung unterstützt haben, Frau *Daniela Valsamas,* herrlich deine scharfe Kritik und das Bestreben eine harmonische zwischenmenschliche Beziehung aufrechterhalten zu können. Frau *Nina Röhrkasten* und meinem Freund und Weggefährten *Stephan* und seiner Frau *Monika Kohns,* sei ebenfalls vielmals für das offene Ohr gedankt. Frau *Jeannette Jakobczak* und *Klaus Herrmann* für das orthografische, stilistische und betriebswirtschaftliche Feedback in der Endphase dieser Arbeit. Auch dem *Springer Verlag* für die Drucklegung sowie insbesondere Frau *Elke Flatau* bei der Publikationsbetreuung sei ebenfalls gedankt.

Der letzte Gedanke sei meinem kürzlich verstorbenen Großvater gewidmet, der immer interessiert an meiner Lebensplanung war und für ein kurzfristiges berufliches Voranschreiten plädierte. Dass dies trotz einschneidender Lebensumstände besser denn je möglich war, durfte er leider nicht mehr miterleben…

Mario Dieninghoff

Inhaltsverzeichnis

Abkürzungsverzeichnis 13

1 **Einleitung** 15

2 **Qualitätsmanagement in der Weiterbildung** 21
   2.1   Paradigmenwechsel in der Weiterbildung 21
   2.2   Qualität und Qualitätsverständnisse 24
       2.2.1   Qualität im Spiegel der Zeit 24
       2.2.2   Qualitätsverständnisse 26
       2.2.3   Definition des Qualitätsbegriffs 30
   2.3   Zentrale Begriffe der Qualitätsdiskussion 31
       2.3.1   Strukturierung des Qualitätsinstrumentariums 31
       2.3.2   Zentrale Qualitätskonzepte 32
   2.4   Qualitätsmanagement 33
   2.5   Fazit 36

3 **Die Lernerorientierte Qualitätstestierung in der Weiterbildung** 37
   3.1   Entstehungshintergründe und Verbreitung 37
   3.2   Aufbau des Modells 39
       3.2.1   Bildungswissenschaftliche Grundlegung 41
       3.2.2   Lernerorientierung 42
       3.2.3   Qualitätsentwicklung als Möglichkeit der
Organisationsentwicklung 45
   3.3   Ablauf des Testierungsverfahrens 46
   3.4   Fazit LQW 50

4 **Motivation als Konzept des Qualitätsmanagements** 51
   4.1   Begriffsdefinition: Motivation 51
   4.2   Intrinsische und extrinsische Motivation 54
   4.3   Motivationstheorien 58
   4.4   Zusammenhänge zwischen Motivation und Qualitätsmanagement ... 62
   4.5   Qualitätsmanagement und Motivation in der Weiterbildung 67
   4.6   Fazit Motivation und Qualität 68

5 Der Job Diagnostics Survey (JDS) ... 71
5.1 Historischer Hintergrund ... 71
5.2 Theoretische Grundlegung ... 72
5.3 Aufbau des Arbeitsanalyseverfahrens ... 78
5.4 Kritische Würdigung ... 80
5.5 Fazit ... 81

6 Empirischer Teil ... 83
6.1 Forschungstheoretisches Verständnis ... 83
6.2 Erste forschungspraktische Annäherungen ... 84
6.3 Die qualitative Inhaltsanalyse nach Mayring ... 87
6.4 Datengrundlage der Untersuchung ... 91
6.5 Untersuchungsdesign ... 92
6.6 Ableitung des Untersuchungsinstruments ... 93
6.7 Empirisch-qualitative Gütekriterien ... 98

7 Ergebnisse ... 101
7.1 Frequenzanalytischer Allgemeinüberblick ... 102
7.2 Motivierungspotenziale ... 105
    7.2.1 Anforderungsvielfalt ... 105
    7.2.2 Aufgabengeschlossenheit ... 107
    7.2.3 Bedeutsamkeit der Arbeit ... 108
    7.2.4 Autonomie ... 110
    7.2.5 Rückmeldung ... 112
    7.2.6 Soziale Beziehungen ... 114
    7.2.7 Feedback ... 115
7.3 Arbeitshilfen und Qualitätswerkzeuge im Vergleich ... 117

8 Erträge der Untersuchung ... 119
8.1 Motivation als implizite Form der Motivierung ... 121
8.2 Das »zweischneidige Schwert der Motivation« ... 121
8.3 Qualitätswerkzeuge als sinnvolle Ergänzung ... 122
8.4 Ungenutzte Motivationspotenziale ... 122
8.5 Motivierung durch Partizipation ... 123
8.6 Mögliche weiterführende Forschungsvorhaben ... 123
8.7 Kritische Reflexion der Untersuchung ... 124

Literatur ... 127
Personenverzeichnis ... 141

Abkürzungsverzeichnis

AZAV:	Akkreditierungs- und Zulassungsverordnung Arbeitsförderung
AZWV:	Anerkennungs- und Zulassungsverordnung Weiterbildung
BIBB:	Bundesinstitut für Berufsbildung
DIE:	Deutsches Institut für Erwachsenenbildung e.V.
DIN:	Deutsches Institut für Normung
EFQM:	European Foundation for Quality Management
EN:	Deutsche Form von European Standard
ISO:	International Organization for Standardization
JCM:	Job Characteristics Model
JDS:	Job Diagnostics Survey
KQB:	Kundenorientierte Qualitätstestierung für Beratungsorganisationen
KQS:	Kundenorientierte Qualitätstestierung für Soziale Dienstleistungsanbieter
LQB:	Lernerorientierte Qualitätstestierung für Bildungsveranstaltungen
LQK:	Lernerorientierte Qualität für Kindertagesstätten
LQS:	Lernerorientierte Qualität für Schulen
LQW:	Lernerorientierte Qualitätstestierung in der Weiterbildung
MPS:	Motivating Potential Score
PAS:	Publicly Available Specification
QB:	Qualitätsbereich
QM:	Qualitätsmanagement
SGB:	Sozialgesetzbuch
VHS:	Volkshochschule

1 Einleitung

Qualität avancierte in den vergangenen Jahrzehnten zu dem Modewort in der betriebswirtschaftlichen Auseinandersetzung schlechthin. Seit den 1990er Jahren steht

> »(…) in der nationalen Bildungsdebatte mit Blick auf die globale Konkurrenz aktuell das Streben nach mehr Exzellenz und Wettbewerbsfähigkeit neben Diagnosen von Leistungsschwäche und Versäumnissen (…)« (Galiläer, 2005, S. 9).

Wachsende externe Anforderungen an die Institutionen der Weiterbildung durch bildungspolitische Vorgaben und die bundesstaatliche Sparpolitik (ebd., S. 155ff.) führen zu der Notwendigkeit in diesem Feld sich dem Thema Qualitätsverbesserung zu widmen (Hartz, 2011).

Eine vorangegangene Übertragung hauptsächlich dem Wirtschaftssystem entlehnter Qualitätsmanagementsysteme und die kritische Auseinandersetzung führten unter dem Strich zu der Erkenntnis, dass qualitätsverbessernde Maßnahmen im Bildungswesen ein Managementsystem bedingen, welches im Stande ist der spezifischen Eigenart des »Produktes Bildung« gerecht zu werden (Zech, 2006). Als erstes Qualitätsmanagementsystem »aus der Weiterbildung für die Weiterbildung« (Zech, 2004) stellt die Lernerorientierte Qualitätstestierung, in ihrer systemtheoretischen Fundierung, den Lerner[2] als Hauptakteur eines gelungenen Lernprozesses in den Mittelpunkt aller Qualitätsbemühungen und wächst innerhalb von wenigen Jahren zu einem der am stärksten implementierten Modelle zur Qualitätssicherung heran (Weiland et al., 2001).

Zusammenfassend werden Wirtschafts- und Bildungsorganisationen mit einer kontinuierlichen Verbesserung implementierter Qualitätsmanagementsysteme unter dem Aspekt der Wirtschaftlichkeit konfrontiert. Seit Mitte der 1990er Jahre gewinnen für den Bereich der Bildung wirtschaftliche Gesichtspunkte an Bedeutung (vgl. Nittel, 1996). Für Führungskräfte in Organisationen der Weiterbildung bedeutet dies, neben systematischer Qualitätsverbesserung, die Leis-

---

[2] Im vorliegenden Text wird aus Platzgründen auf die weibliche Form verzichtet. Der Autor ist sich jedoch darüber bewusst, dass geschlechtergerechte Sprache keinen Einfluss auf die Verständlich- und Lesbarkeit eines Textes hat, zumal es in der deutschen Sprache kein generisches Muskulin gibt.

tungsfähigkeit des eigenen Unternehmens zu steigern. Eine Aufgabe, die ohne entsprechende Leistungsbereitschaft der Mitarbeiter kaum denkbar ist.

»Ein Qualitätssicherungs-System gleich welcher Art wird von Menschen gemanagt, getragen und funktionsfähig gehalten« (Masing, 1983). Eine Möglichkeit dieser Entwicklung gerecht zu werden führt über eine motivierte Belegschaft. Mitarbeitermotivation, aus zweidimensionaler Perspektive, eröffnet Wirtschafts- und Bildungsinstitutionen qualitäts- und effizienzorientierte Verbesserungsmöglichkeiten. So kommt es, dass zunehmend von Qualitätspreisen, wie dem Ludwig-Ehrhard-Preis, die Verankerung von Mitarbeiterzufriedenheit, bei der Umsetzung von Qualitätsmodellen für die Organisationsentwicklung gefordert wird. Unternehmerischer Misserfolg wird auf die defizitäre Motivationslage der Mitarbeiter zurückgeführt (Neut, 2006/Schneider, 2007), da ein Qualitätsmanagementsystem seine Funktionsweise erst durch den Menschen erlangt (Masing, 1983). Andere verdeutlichen die Wichtigkeit der Arbeitsmotivation der Mitarbeitenden (Schneider, 2007/Becker, 2004). Führung sowie Mitarbeitermotivation werden als die wichtigsten Personalthemen der nächsten 2-3 Jahre herausgestellt (Wendt, 2009) und Qualitätsmotivation (Juran, 1974/Schildkecht, 1992) wird zu einem qualitätsrelevanten Steuerungsinstrument der Führung.

Darauf aufbauend stellt sich die Frage nach einer Verankerung motivationaler Faktoren innerhalb der LQW. Eine ausschließlich konzeptionelle Orientierung zur Beantwortung dieser Frage zeichnet sich durch einen fehlenden Praxisbezug aus. Insofern bietet die LQW Steuerungshilfen zur Erfüllung der Qualitätsanforderungen an, welche die Transferleistung von konzeptionellen Grundlagen in die Praxis übernehmen können. Diese freiwilligen Materialien werden für Organisationen durch ArtSet kostenfrei zum Download angeboten und gliedern sich in Praxisanleitungen und Qualitätswerkzeuge. Daraus ergibt sich für diese Untersuchung nachfolgende Forschungsfrage:

Werden in den Praxisanleitungen und Qualitätswerkzeugen zur Umsetzung der LQW motivationale Faktoren berücksichtigt?

Zur Beantwortung ist es notwendig ein Grundverständnis über den Qualitätsbegriff und relevante Dimensionen zu erarbeiten sowie die pädagogische Relevanz und Möglichkeiten der organisationalen Verbesserung herauszustellen, als Grundlage für das Verständnis eines bildungsspezifischen Qualitätsmanagementsystems. Mit dem Ziel motivationsrelevante Gestaltungsempfehlungen des Arbeitsplatzes unter qualitätsorientierten Gesichtspunkten für die LQW anzuregen, bietet sich der Job Diagnostics Survey[3], in der Verwendung als Instrument des Qualitätsmanagements für die Organisationsentwicklung, an (Brüggemann / Hunecke & Mütze, 1999).

Diese Forschungsfrage lässt sich entsprechend des »roten Fadens« dieser Untersuchung in nachfolgende Teilfragestellungen untergliedern.

Theoretische Ebene (vgl. Kapitel 2-4)
- Was hat zu einer vermehrten Betrachtung von Qualität in der Weiterbildung geführt?
- Was ist Qualität und gibt es unterschiedliche Auffassungen darüber. Welche zentralen Begrifflichkeiten steuern den Qualitätsdiskurs und wie lassen sich diese im Hinblick auf Qualitätsmanagementsysteme einordnen?
- Was ist Qualitätsmanagement und welche Rolle spielt dieser Begriff im organisationalen Kontext der Weiterbildung?
- Was ist die Lernerorientierte Qualitätstestierung in der Weiterbildung, welchen Bezug hat sie zur Weiterbildungslandschaft, worauf gründet sie und wie gestaltet sich der Zertifizierungsprozess?
- Was ist Motivation, welche unterschiedlichen Theorien der Arbeitsmotivation gibt es und in welchem Zusammenhang stehen Motivation und Qualität?

Forschungspraktische Ebene (vgl. Kapitel 5-6)
- Welche Motivationstheorie lässt sich zur Beurteilung von Arbeitsplätzen in der Weiterbildungslandschaft heranziehen und warum eignet sich das Job Characteristics Model am besten?
- Wie ist diese Theorie aufgebaut, von welchen Annahmen geht sie aus, inwiefern können Arbeitsplätze mit dieser Theorie analysiert werden, welches Instrument gibt es dafür und wie ist dieses gestaltet?
- Warum eignet sich dieses Instrument zur Analyse der LQW und wie kann der Job Dianostics Survey für eine solche Untersuchung eingesetzt werden?
- Was ist die qualitative Inhaltsanalyse nach Mayring und welches Verfahrensmodell erweist sich als adäquat?
- Wie wird die Untersuchung umgesetzt? Wie können die erzielten Ergebnisse in den Diskurs eingeordnet werden?

---

[3] Der Job Diagnostics Survey ist ein gut ausgearbeitetes subjektives aufgaben- und tätigkeitsbezogenes Arbeitsanalyseverfahren, basierend auf dem Job Characteristic Model von Hackman&Oldham (1974).

Diese Fragen sollen ausgehend von einer an die qualitative Inhaltsanalyse nach Mayring angelehnten methodischen Konzeption beantwortet werden. Die Kombination aus operationalisierter Fragestellung und des Konzeptes ergibt folgendes Bild für diese Untersuchung (siehe Abbildung 1):

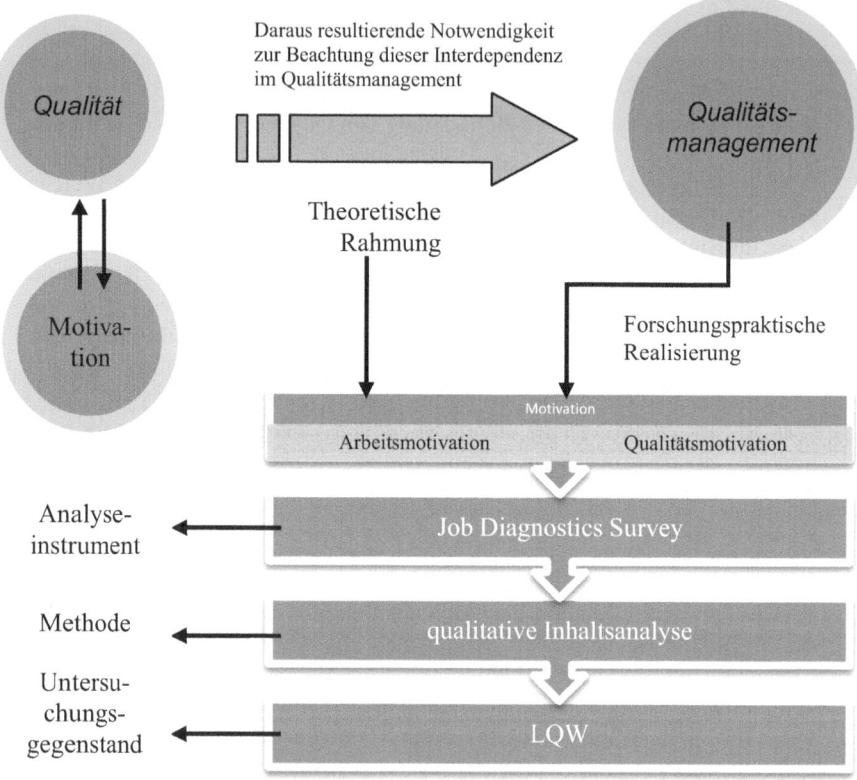

Abbildung 1: Eigene Darstellung: zusammenfassende Darstellung der Konzeption

Es wird für diese Untersuchung eine wechselseitige Beziehung zwischen Qualität und Motivation angenommen, die eine Implementierung der Mitarbeitermotivation in Qualitätsmanagementsystemen begründet. Das Modell der Lernerorientierten Qualitätstestierung in der Weiterbildung wurde einer systematischen Untersuchung bisher nicht unterzogen.

Einleitung

Zur forschungspraktischen Realisierung unterteilt sich diese Arbeit in acht Kapitel. Das erste Kapitel leitet in den Problemzusammenhang ein und stellt die forschungspraktische Realisierung dar. Während das zweite Kapitel sich mit der Verdeutlichung von Qualität und Qualitätsmanagement in Bezug auf die Weiterbildungslandschaft beschäftigt, stellt das dritte Kapitel die LQW ausführlich vor. Das vierte Kapitel dient der Darstellung des theoretischen Rahmens dieser Untersuchung anhand der Begriffe Arbeits- und Qualitätsmotivation und klärt desweiteren Begrifflichkeiten der Motivationstheorie.

Im fünften Kapitel steht die Vorstellung des Analyseinstruments im Vordergrund. Im anschließenden sechsten Kapitel wird die Methode und forschungspraktische Umsetzung diskutiert, bis das siebte Kapitel die erzielten Ergebnisse vorstellt und diese im achten Kapitel einer kritischen Einordnung unterzogen werden.

2 Qualitätsmanagement in der Weiterbildung

2.1 Paradigmenwechsel in der Weiterbildung

»Qualität in der Erwachsenenbildung - eine neue Mode?« (Knoll, 2002, S. 72), so führt Jörg Knoll in die Betrachtung der Qualitätsthematik für den Bereich der Weiterbildung ein. Für viele der in der Weiterbildung Beschäftigten ist die Qualitätsthematik eine neue herausfordernde Angelegenheit, wenngleich eine ähnliche Systematik in der stetigen Professionalisierung des eigenen beruflichen Handelns in der Weiterbildung schon vorher anzutreffen gewesen war (vgl. Hartz, 2010, S. 5/Knoll 2002, S. 72). Die Bedeutung von Qualitätsentwicklung und das öffentliche Interesse hinsichtlich der Leistungsfähigkeit einer Organisation nehmen zu. So kam es, dass Qualitätsmanagement in den vergangenen Jahren als eines der Kerngeschäfte von Bildungsorganisationen verstanden wurde (vgl. Bülow-Schramm, 2006, S. 9-11). Galiläer (2005) unterstellt seine Untersuchung zum Thema pädagogische Qualität dem Motto »the age of quality is now well and truly upon us...« (Dahlberg & Moss Pence, 1999, S. 4 zitiert nach Galiläer, 2005, S. 9). Diesen Sachverhalt stellen Helmke, Hornstein und Terhart (2000) umfangreicher und differenzierter dar:

> »(...) von der Kindergrippe über Kindergärten, Primar- und Sekundarschulen, sozialpädagogische Einrichtungen, Hochschulen, öffentliche und private Formen der Erwachsenenbildung, der Weiterbildung, der inner- und außerbetrieblichen Berufsbildung etc., über Institutionen und Einrichtungen der Jugend- und Sozialhilfe, der Betreuung von Randgruppen bis hin zu den Einrichtungen der Seniorenbildung und -betreuung, der Pflege kranker und alter Menschen - alle im Bildungs- und Sozialbereich angesiedelten Institutionen, letztlich alle sozialstaatlichen Infrastrukturleistungen (Gesundheitssystem, Rentensystem etc.), ihre Administration und ihr Personal sehen sich der kritischen Frage nach ihrer Qualität gegenüber, müssen sich um Qualität bemühen, müssen Qualität dokumentieren, müssen sich hinsichtlich ihrer Qualität überprüfen lassen und müssen schließlich, wie könnte es anders sein - ihre Qualität kontinuierlich verbessern« (Helmke /Hornstein & Terhart, 2000, S. 9f., Hervorhebungen im Original).

Die zunehmende Bedeutung von Qualität sowie den semantischen Gebrauch dieser Begrifflichkeit sieht Kuper als einen »Indikator eines Strukturwandels im

Bildungssystem« (Kuper, 2002, S. 536). 1996 konnte in der Forschungsliteratur eine Auseinandersetzung mit Pädagogisierungstendenzen in der Privatwirtschaft und Ökonomisierungstendenzen in der öffentlich verantworteten Bildung wahrgenommen werden (vgl. Nittel, 1996). Für die pädagogische Arbeit endete eine Ära, in der kostenintensive Leistungen, ausgehend von »wirtschaftlicher Prosperität«[4] (Speck, 2004, S. 15f.) am Edukanden, mit pädagogischem Bedarf legitimiert wurden.

Die Weiterbildungslandschaft stand vor neuen Herausforderungen, ausgelöst durch verschiedene strukturelle, steuerungsstrategische Veränderungen (vgl. Kuper, 2002, S. 536) des Feldes. Helmke, Hornstein und Terhart (2000) skizzieren:

> »(...) die vier traditionellen begrifflichen Eckpunkte des Bildungs- und Sozialbereich - Quantität, Gleichheit bzw. Gleichverteilung, Staat und Wissenschaft – [sind] durch die Begriffe Qualität, Exzellenz, Markt und Evaluation abgelöst worden« (Helmke/Hornstein & Terhart, 2000, S. 9).

Im Zuge der auf internationaler Ebene geführten Diskussionen über die Ausrichtung des Lebenslangen Lernens auf das Individuum und die Organisation (hinsichtlich adäquater Qualitätssicherungs- und Qualitätsentwicklungsfragen), stehen diese Punkte im Zentrum der nationalen Weiterbildungspolitik (vgl. Hartz & Meisel, 2011, S. 24 ff.). Mit der Verabschiedung des Fernunterrichtsgesetzes[5] im Jahre 1974 und der Ansicht, dass Qualitätsunterschiede in den Fernlerngängen staatlich reguliert werden sollten, und ein expandierender Markt vor unseriösen Weiterbildungsanbietern geschützt werden muss (ebd.), sahen die Weiterbildungsanbieter sich gezwungen ihre Angebote von Prüfstellen mit einem Prüfsiegel versehen zu lassen (ebd.).

Bestehende ökonomische Bestbedingungen in der Zeit des gesellschaftlichsozialen Aufschwungs, ausgehend von wirtschaftlicher Prosperität (vgl. Speck, 2004, S. 15), sollten in einer Reduktion und Umverteilung von Mitteln enden. Der Marktwachstum und die Verschlechterung wirtschaftlicher Rahmenbedingungen (durch begrenzte ökonomische Ressourcen) veranlassten den Gesetzgeber zu einer weiteren Regulierungsmaßnahme. Während zu diesem Zeitpunkt der Staat als ordnende Kraft hervortrat, spielte in den späten 1980er und frühen 1990er Jahren die Ausrichtung des Angebotes am Markt eine vordergründige Rolle. Eine veränderte Steuerungsphilosophie führte zu einer grundsätzlichen

---

[4] (vom lat.: Gedeihen) wirtschaftswissenschaftlicher Ausdruck zur Bezeichnung wirtschaftlichen Konjunkturaufschwungs und gesellschaftlichen Wohlstands
[5] gesetzlich verankerte Regelung von Rechten und Pflichten von Fernunterrichtsangeboten für Anbieter und Klienten

Umorientierung, indem die Ausrichtung an Quantitäten durch die Fokussierung von Qualitäten aufgegeben wurde. Ehemals an formalen Bildungsabschlüssen, Professionalisierungsgesichtspunkten, sozialem Milieuausgleich und Curriculumforschung orientierte Bildungsbemühungen rückten in den Hintergrund; gegenüber einer Forderung nach Qualität und dem Streben nach mehr Exzellenz. Die Annahme durch Inputinvestitionen einen erwünschten Output (als erwartbaren Gegenwert getätigter Investitionen) zu bekommen orientierte sich an diesen Qualitäten, die sich durch evaluative Handlungen erfassen ließen (vgl. Helmke/Hornstein & Terhart, 2000).

Dubs verdeutlicht die Wichtigkeit der Evaluation, in der Beschreibung von Qualitätsmanagement als Teil des Bildungscontrollings neben der Wirtschaftlichkeitsüberwachung (vgl. Dubs, 2003, S. 7). Diskutiert man in der neueren Literatur eine gemeinsame Berechtigung unterschiedlicher Steuerungsrationalitäten (betriebswirtschaftliche Steuerung, pädagogische und organisationale Steuerung), die einer Professionalisierung der Organisation im Qualitätsentwicklungsprozess dienen (vgl. Ehses & Zech, 1999, S. 17), verdeutlicht dies die Veränderung der Steuerungsphilosophie.

Diese Entwicklungen mündeten in der durch die Bundesagentur für Arbeit verabschiedeten Verordnung des 16. Juni 2004, welche die Trägerzulassung nach dem SGB III regelt. Diese Zulassung wird durch die Anerkennungs- und Zulassungsverordnung der Weiterbildung (AZWV) geregelt, und mit Wirkung zum 06.04.2012 durch die Akkreditierungs- und Zulassungsverordnung Arbeitsförderung (AZAV) abgelöst (§184 SGB). Eine Zulassung der durch die Bundesagentur für Arbeit zu fördernden Weiterbildungsmaßnahmen steht in Abhängigkeit zu einer fachkundigen Prüfung der Weiterbildungsanbieter durch fachkundige Stellen (vgl. Hartz, 2011, S. 25). Durch die Änderungen im SGB III werden Qualitätsmanagementsysteme als Steuerungsinstrument zur Vergabe von Zulassungen der Träger eingesetzt. »Wenn der Träger ein System zur Sicherung von Qualität anwendet« (§ 84 [4] SGB III) wird dieser zur Durchführung der beruflichen Weiterbildung zugelassen.

Nachdem der Problemzusammenhang und die Entstehungshintergründe einer zunehmenden Betrachtung der Qualitätsthematik für den Bildungsbereich und speziell der Weiterbildungslandschaft verdeutlicht worden sind, stellt sich die Frage der genauen Beschaffenheit von Qualität respektive Qualität in der Weiterbildung. Zur Verdeutlichung dieses Problems soll im folgenden Kapitel eine begriffliche Abgrenzung vorgenommen werden.

2.2 Qualität und Qualitätsverständnisse

Aufgrund der Schwierigkeit der Formulierung einer einheitlichen Definition soll hier die historische Herleitung des Begriffes in seiner ursprünglich philosophischen Verwendung skizziert werden, bevor unterschiedliche Auffassungen über die Systematisierung einer möglichen, einheitlichen Begriffsdefinition dargestellt werden. Diese bilden die Verständnisgrundlage für die Festlegung auf ein für die Untersuchung wegweisendes Begriffsverständnis von Qualität.

2.2.1 Qualität im Spiegel der Zeit

Resultierend aus einem Erlebnis auf einem indischen Marktplatz, schilderte Riedel eine Begebenheit, welche den inflationären Gebrauch eines Begriffes verdeutlicht (vgl. Riedel, 2012, S. 9), der unser tägliches Denken und Handeln beeinflusst und in einer unangemessenen Form der Selbstverständlichkeit genutzt wird, »da jeder ja weiß, was gemeint ist« (vgl. Pirsig, 1992, S. 76 zitiert nach Jander 2013, Bülow-Schramm, 2006, S. 12). Viele, der uns im alltäglichen Sprachgebrauch, aus der philosophischen Tradition entlehnten (vgl. Galiläer, 2005, S. 15), scheinbar bekannten und immer wieder begegnenden Begriffe, werden in dieser oder ähnlicher Form verwendet (vgl. Helmke/Hornstein & Terhart, 2000, S. 10). In der reflexiven Auseinandersetzung mit solchen Begrifflichkeiten fällt auf, dass die Definitions- und Bestimmungsversuche nicht so eindeutig sind, wie sie erscheinen. Erfahrene Wissenschaftler stehen vor der Problematik Begriffe wie Freiheit, Gleichheit und Demokratie eindeutig zu definieren.

In Zeiten knapper finanzieller Ressourcen wird über fremdgesetzte Standards gesteuert und kontrolliert. Qualitätszirkel und Qualitätsausschüsse werden zur Verbesserung der Lehre gegründet und umfangreiche Evaluationen innerhalb der Seminare geführt. Woran bemisst sich die Qualität eines Weiterbildungsangebotes? Ist ein Seminar aufgrund von hoher Dropout- und Durchfallquoten als qualitativ hochwertig anzusehen? Oder vielmehr ein Studiengang mit großen Abschlussjahrgängen und hervorragenden Ergebnissen (Pätzold, 2012)?

Aus diesen Fragen ergeben sich unzählige Teilfragen, welche bedingt darüber Auskunft geben können, inwiefern das »Konstrukt der Qualität« (vgl. Gieseke, 1997, S. 31) zu verstehen ist. Seit Bestehen des Begriffes wird dessen Inhalt umfangreich diskutiert (vgl. Kamiske, 2006, S. 174). So konnte davon ausgegangen werden, dass sich der Qualitätsbegriff als ein Konglomerat verschiedener Auffassungen und Konnotationen zusammensetzt oder durch eine positive Konnotation besetzt ist. Die Werbeindustrie nutzt den Begriff einer

»schlechten Qualität« weniger, taucht dieser auf, steht er in einem »Um-zu-Verhältnis« zur positiven Konnotation. Ganze Wörterbücher ließen sich in Hinblick darauf mit Neologismen füllen, die Wortschöpfungen wie »Lebensmittelqualität«, »Lebensqualität« etc. beinhalten (vgl. Brüggemann & Bremer, 2011, S. 3).

Etymologisch entstammt die Bezeichnung dem lateinischem »qualitas«, die eine Beschaffenheit von Dingen und Gegenständen meint (vgl. Kamiske & Brauer, 2002, S. 57) und grenzt die Semantik von Zuständen, Merkmalen und Eigenschaften einer Sache nicht aus. Weder die positive, noch die negative Konnotation des Begriffes entstammt dieser philosophischen Tradition. Wenngleich die positive Verwendung des Wortes phänomenologisch nicht tragbar ist, da »qualitas« neutral besetzt und Qualität ein dichotomer Begriff ist. Die Neutralität des Begriffes rechtfertigt die Benutzung von »guter und schlechter Qualität« (Hartz & Meisel, 2011, S. 15).

Im 16. Jahrhundert wird aus dem Französischen entstammend die Begrifflichkeit im deutschen Sprachraum eingeführt und im darauffolgenden 17. Jahrhundert als handelssprachliche Mundart genutzt (ebd. S. 16). Die neutrale Beschaffenheit des Begriffes verliert zu Gunsten einer wertenden Semantik an Bedeutung und wird mit Güte einer Sache besetzt (ebd.). In der Auseinandersetzung mit der Literatur fällt auf, dass die Beschaffenheit des Wortes Qualität durch zwei Konnotationen geprägt ist. Neben den neutralen und positiven Eigenschaften von Qualität, sind die negative Konnotation oder etwaige Kombinationen nicht auffindbar. Zu denken sei hier daran, dass verschiedene Eliteeinrichtungen bzw. deren Angehörige »gute Qualität« über negative Merkmale wie hohe Durchfallquoten definieren und öffentliche elitäre Bildungsinstitutionen die Maßstäbe für Qualität an hohen Dropouts messen könnten, und private Einrichtungen mit hohen Mitgliedsbeiträgen Qualität möglicherweise mit großen Abschlusszahlen verbinden. Auf Grund einer (durch die Notwendigkeit hoher finanzieller Aufwendungen) getroffene Vorselektierung, erscheinen kleine »Abschlussklassen« unter Umständen von minderer Qualität.

Diese Ansicht wird in der wissenschaftlichen Fachliteratur durch viele andere ergänzt. Eine einheitliche Definition des Begriffes liegt bisher nicht vor (vgl. Helmke/Hornstein & Terhart, 2000, S. 10). In der betriebswirtschaftlichen Literatur, welche umfassend den Begriff verwendet, fehlt ein greifbarer einheitlicher Bestimmungsversuch (vgl. Stockmann, 2002, S. 2). Obwohl das Deutsche Institut für Normierung nach der DIN EN ISO 8402 Qualität als »die Gesamtheit von Eigenschaften und Merkmalen eines Produkts oder einer Dienstleistung, die sich auf deren Eignung zur Erfüllung festgelegter oder vorausgesetzter Erfordernisse« festhält (vgl. Kuper, 2002, S. 535). Der Versuch der Kennzeichnung eines objektiven Qualitätsbegriffes ausgehend von den philosophischen Denkrichtungen scheitert (vgl. Hartz, 2010, S. 2). Es sind eine Vielzahl von Systematisierungen in der Forschungsliteratur anzutreffen. Diese lassen sich sowohl in erziehungswissenschaftliche, als auch in wirtschaftliche Perspektiven auf Qualität unterscheiden. Sowohl für das Wirtschaftssystem, als auch für die Pädagogik lässt sich prinzipiell bezeichnen, dass unter Qualität ein Bündel von Merkmalen verstanden wird, das einem Produkt oder Prozess gegeben oder immanent ist (vgl. Brüggemann & Bremer, 2002, S. 3). Weiterhin entscheidet Qualität über die Inanspruchnahme einer Leistung oder Sache sowie über den Markt und bringt die spezifische Leistungsfähigkeit einer Organisation zum Ausdruck (ebd.).

Für den Bereich der Bildung verdeutlicht die Verwendung des Begriffes selbst- und fremdgesetzte Veränderungsbereitschaft und die sich daraus ergebende Notwendigkeit des Handelns (Hartz, 2010, S. 3).

Der Qualitätsbegriff unterliegt verschiedenen Eigenschaften, welche jeweils in unterschiedlicher Art und Weise aufgefasst werden können. Zur Aufhebung der Relativität von Qualität unterteilen Harvey und Green die differierenden Meinungen darüber, wie Qualität sich darstellen kann, anhand einer dichotomen Ausprägung. Qualität ist entweder *situations- oder kontextbezogen* (vgl. Harvey & Green, 2000, S. 17). Diese Bezogenheit kommt in fünf unterschiedlichen Orientierungen zum Ausdruck, welche im nachfolgenden Kapitel ausführlicher dargestellt werden. Zuvor wird dieser Arbeit ein Überblick über einen (zeitlich vorangestellten) wirtschaftsorientierten Bestimmungsversuch vorangestellt.

2.2.2 Qualitätsverständnisse

Einen beurteilungsorientierten (Bülow-Schramm, 2006, S. 15) Versuch der Systematisierung der Begriffsdiffusität unternimmt D.A. Garvin im Jahre 1984. Er erarbeitete einen Bestimmungsversuch mit fünf verschiedenen Sichtweisen auf das Thema Qualität, dessen Inhalte bis heute Praxisrelevanz im Dienstleistungsbereich zugeschrieben werden kann (vgl. Bruhn, 2008, S. 34f.). Garvin als betriebswirtschaftlicher Dozent an der Universität zu Harvard legt damit einen dem Wirtschaftssystem entlehnten Entwurf vor, den er ausgehend von der Analyse unterschiedlicher Definitionsversuche strukturiert und zusammenführt.

Als erste Sichtweise, der philosophischen Tradition entstammend, formulierte er Qualität als eine »deskriptiv-analytische Dimension« (Merchel, 2004, S. 39), die er als transzendente Sichtweise beschrieb und die Schwierigkeit der Definition von Qualität darunter fasste (vgl. Kamiske, 2006, S. 172).

Qualitätsmanagement in der Weiterbildung 27

Die produktbezogene Sichtweise kennzeichnet sich durch eine präzise Messbarkeit von Qualität aus, und findet hauptsächlich in der Ökonomie Verwendung. »According to this view, differences in quality reflect differences quantity of some ingredient or attribute possessed by a product« (Garvin, 1984, S. 26). Die Steigerung der Qualität sei abhängig von quantitativen Variablen und Qualität lasse sich positiv durch die quantitative Steigerung der Eigenschaften beeinflussen.

Eine weitere ökonomische Sichtweise sah er in der nutzerbasierten Denkrichtung. Qualität wird durch individuelle Zuschreibungen definiert und orientiert sich an dem jeweiligen Nutzen für die Konsumenten. Unterschiedliche Bedürfnisstrukturen der Nutzer (und deren sich unterscheidende Wege der Befriedigung) stünden im Zusammenhang mit Qualitätszuschreibungen (ebd., S. 27). Mit Blick auf das Bildungswesen, vermag die mathematische Vorlesung qualitativ hochwertig sein, liegen die individuellen Interessen und Vorlieben des Studierenden in den Sozialwissenschaften, wird er diesen Vorlesungen (geht man vom gleichen qualitativen Niveau beider aus) bessere Qualitätsurteile ausstellen. Prozessbezogenheit äußert sich durch die Tatsache, dass Normabweichungen direkter Einfluss auf die Qualität zugesprochen wird.

Der »Manufacturing-based Approach« bezeichnet u.a. die Tatsache, dass Normabweichungen in der industriellen Produktion, sofortigen Einfluss auf die Qualität des Produktes haben und die Mängel, durch erheblichen Einsatz von Ressourcen (vor allem monetär), zur Wahrung eines Qualitätsstandards beseitigt werden müssen.

Die Bemühungen der wertbezogenen Sichtweise stehen in der wertbezogenen Auseinandersetzung um die Effektivität und Effizienz jeglicher Bemühungen unter dem Aspekt der Wirtschaftlichkeit (ebd., S. 27f.).

Wenngleich unterschiedliche Sichtweisen diesen Qualitätsauffassungen zu Teil werden fällt auf, dass eine rein beurteilungsorientierte Sichtweise auf das Thema Qualität nicht ausreichend für die Arbeit im pädagogischen Feld ist. Obwohl Garvin verschiedene Perspektiven eröffnet, ist eine ökonomische Betrachtung mit einem produktbezogenen Schwerpunkt wegweisend.

Inwiefern Bildung als ein Produkt zu verstehen ist, wurde in der Literatur hinreichend diskutiert und soll an dieser Stelle nicht näher behandelt werden. Anzumerken sei, dass der Lerner an der Erstellung des »Produktes« Bildung maßgeblich beteiligt ist. Insofern übernimmt Arnold von Stahl den Begriff des »Prosumenten«[6] (vgl. Arnold, 1994).

Weiterhin zeichnet sich das pädagogische Feld durch eine Vielzahl der »am Bildungsprozess beteiligten Akteure« aus (vgl. Hippel et al., 2010, S. 7), diese tragen heterogene Anforderungen an das Feld heran, die jeweils eigene Maßstäbe darüber definieren, was erfüllt werden soll (vgl. Galiläer, 2005, S. 20).

Insofern kann die rein wirtschaftliche Betrachtung des Qualitätsthemas für den pädagogischen Bereich nicht ausreichend sein. Das Wesentliche an dieser Systematisierung ist die »partialanalytische Betrachtungsweise der Bildung von Teilqualitäten« (vgl. Fendler, 2011, S. 9), die Qualität als ein mehrdimensionales Konstrukt (vgl. Rosenstiel, 2008, S. 122) kennzeichnet. Fendler (2011) resümiert, dass diesem Ansatz weiterhin die für diese Untersuchung wichtige mitarbeiterbezogene Teilqualität fehlt (vgl. Fendler, 2011, S. 9).

Harvey und Green (2000) legen einen weiteren umfangreichen Bestimmungsversuch vor, welcher pädagogische und wirtschaftliche Orientierungen integriert und mit direktem Blick auf die Pädagogik formuliert worden ist. Sie unterteilen »Denkweisen von Qualität und die Bedeutungsverwendung des Qualitätsbegriffs« (ebd.) für den Bereich der Erziehungswissenschaften in fünf Perspektiven, die Qualität als

Ausnahme (Erreichen oder Übertreffen von Standards),

Perfektion (auf einen Idealzustand zielende Fehlerlosigkeit und Prozessbezug),

Zweckmäßigkeit (variabler Soll-Ist-Vergleich mit Bezug auf den Zweck),

adäquaten Gegenwert (hoher Standard bei niedrigen Kosten, »value for money«)

Transformation (qualitativer Wandel)

kennzeichnen, die sich in verschiedene Subkategorien aufteilen (vgl. Harvey & Green, 2000). In Abbildung 2 soll dies zusammenfassend dargestellt werden.

---

[6] Bezeichnung für Verbraucher oder Kunden, die zeitgleich Produzent sind

Qualitätsmanagement in der Weiterbildung

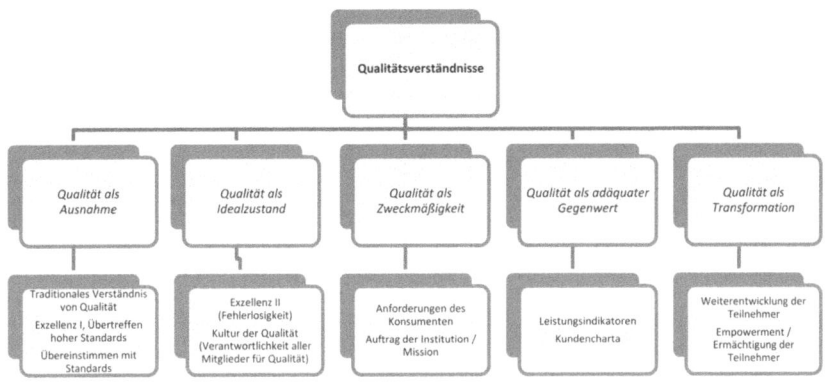

Abbildung 2: Eigene Darstellung: Qualitätsverständnisse nach Harvey & Green, 2000

Das fünfte und letzte Qualitätsverständnis versteht Fendler als essenziell für den Bildungsbereich.

»Qualität als Transformation ist später zum Schlüsselbegriff im Bildungswesen geworden, gewissermaßen zu ihrem Alleinstellungsmerkmal. Im Gegensatz zu klassischen Dienstleistungen gehe es hier darum, den Kunden bei der Entwicklung seiner Persönlichkeit zu stärken« (Fendler, 2011, S. 11).

Somit zeigt sich, dass der Qualitätsbegriff in seiner Verwendung für den Bildungsbereich unterschiedlichen Nuancierungen unterliegt. Dieser muss heterogenen Perspektiven gerecht werden. Er versteht sich nicht (der klassisch philosophischen Tradition folgend) von rein beschreibenden Charakter (ebd.), sondern beinhaltet sowohl eine normative, als auch evaluative und handlungsorientierte Dimension (vgl. Merchel, 2010, S. 39). Mit Blick auf die Handlungsfelder der Sozialen Arbeit erweitert Merchel in Anlehnung an Donabedian (1966) diesen um drei bisher im Rahmen dieser Untersuchung nicht beachtete Teilqualitäten (ebd.):

Strukturqualität   (Infrastruktur, personelle und fachliche Ressourcen)
Prozessqualität   (Vorgehensweise der Erbringung einer Leistung)
Ergebnisqualität   (Effekte des Handelns; Output und Outcome).

Für den Bereich der Weiterbildung merkt Arnold (1994) an, dass die unterschiedlichen Teilqualitäten einer zeitlichen Differenzierung unterliegen müssen, die er im »Input-Throughput-Output-Modell« (vgl. Arnold, 1994, S. 7) darstellt. Für die Qualitätssicherung gibt es somit Aspekte, die entweder im Vorfeld gesichert sein müssen, im laufenden Prozess oder im Anschluss an die Maßnahme wirksam werden (vgl. Hartz & Meisel, 2011, S. 18).

2.2.3 Definition des Qualitätsbegriffs

Die Schwierigkeit einer objektiv formulierbaren Definition des Qualitätsbegriffes liegt u.a. darin begründet, dass dieser objektive und subjektive Aspekte in sich vereint.

> »Objektiv, weil er für jedermann nachvollziehbar ist, weil die Kriterien eindeutig festgelegt wurden. Subjektiv, weil die Einigung auf Kriterien unterschiedlich ausfallen kann« (Fendler, 2011, S. 11).

Ein ursprünglich aus dem philosophischen Verständnis entlehnter, beschreibender Charakter sollte durch einen Wertenden ergänzt werden. Die Komplexität liegt im Einbezug der für den Bereich der Bildung zu berücksichtigenden - im Vorfeld geschilderten - Begebenheiten. Ein Versuch der Integration unterschiedlicher Gesichtspunkte hinsichtlich des Qualitätsverständnisses findet sich bei Merchel (2011) und wird dieser Arbeit zu Grunde gelegt.

> »Qualität ist zu verstehen als ein Konstrukt, bei dem Personen sich (implizit oder explizit) in einem Vorgang der Normsetzung auf Bewertungsmaßstäbe verständigt haben und diese sich unter Einbeziehung ihrer Erwartungen auf einen Gegenstand oder einen Prozess beziehen. Qualität ist eine reflexive, substantiell auf Diskurs verwiesene Kategorie. Im Qualitätsbegriff ist seine dialogische Beschaffenheit angelegt. Qualitätsmanagement ist elementar mit Qualitätsdialogen verbunden, die sich gleichermaßen auf die Konstruktion von Bewertungsmaßstäben für Qualität wie auf die Verfahren der Qualitätsbewertung beziehen müssen« (Merchel, 2011, S. 40).

Ein Bewusstsein über die begriffliche Vielfalt und Relativität des Qualitätsbegriffs vermag für eine systematische Qualitätsverbesserung in Organisationen nicht ausreichend zu sein. Kapitel 2.3 stellt die Konzepte dar, welche in organisationalen Kontexten genutzt werden. Das Qualitätsmanagement wird als zentrales Moment für diese Untersuchung herausgearbeitet, dessen Wichtigkeit im vorgehenden Zitat durch Merchel untermalt wurde.

2.3 Zentrale Begriffe der Qualitätsdiskussion

Häufig werden Komposita mit dem Wortstamm »Qualität« synonym verwendet. Zwar lassen sich diese Wortzusammensetzungen nicht trennscharf voneinander abgrenzen (vgl. Merchel, 2010, S. 14), jedoch unterscheiden sie sich tendenziell durch den anvisierten Zielzustand und der Beschaffenheit des Weges (vgl. Brüggemann & Bremer, 2011, S. 5). Kapitel 2.3 gibt einen Überblick über die zentralen Begrifflichkeiten. Zur besseren Systematisierung der Diskussion über die Untersuchungsergebnisse soll vorab auf eine Strukturierungshilfe zurückgegriffen werden.

2.3.1 Strukturierung des Qualitätsinstrumentariums

Zur Strukturierung der begrifflichen Diffusität (vgl. Kapitel 2.3) unterscheidet Seghezzi (2007) zwischen

Systemen: Organisation realer gedanklicher Vorstellungen, Formen der Realisierung und Gestaltung der Unternehmenspolitik, des Leitbildes und der Visionen der Organisation.

Konzepten: zentrale, abstrakte Vorstellungen und Denkgebäude zur Implementierung von Führung und Organisation in den Unternehmensalltag.

Modellen: reale Abbildung von Systemen und Konzepten, Bindeglied zwischen praktischer Umsetzung und ideologischer Konzeption, Unterstützungsinstrument zur Entwicklung und Einführung umfassender Führungs- und Organisationssysteme (vgl. Seghezzi, 2007).

Der Konzeptbegriff bietet sich an, um die »qualitätsbezogenen Führungs- und Organisationssysteme« (ebd.) zu beschreiben.

2.3.2 Zentrale Qualitätskonzepte

In Orientierung an die in der Wissenschaftsliteratur anzutreffende Dreiteilung in Qualitätssicherung, Qualitätsmanagement und Qualitätsentwicklung (vgl. Hartz & Meisel, 2011, S. 17ff./Nötzold, 2002, S. 15f./Hartz, 2010, S. 5) stellen sich die zentralen Qualitätskonzepte wie folgt dar:

Qualitätssicherung:
Versteht sich als eine »systematische Übersetzung von Qualitätsstandards in entsprechende Herstellungsverfahren« (Hartz, 2010, S. 5). Im Vordergrund stehen die Schritte zur Verwirklichung von Qualitätsansprüchen (vgl. Nötzold, 2002, S. 15). Die selbst gesetzten Prinzipien sollen Transparenz über eine erfolgreiche und nicht erfolgreiche Bildungsarbeit gewährleisten und definieren zugleich die Bestandteile zur Sicherung von Qualität im Anschluss an diese (Hartz & Meisel, 2011, S. 17).

Qualitätsmanagement:
Versteht sich als eine Möglichkeit der individuellen sowie handlungsorientierten Einflussnahme vor dem Stattfinden etwaiger Prozesse (ebd.). Diese Tätigkeiten werden zur Organisationssteuerung mit dem Ziel »Qualität systematisch gewährleisten zu können« aufeinander abgestimmt (vgl. Hartz, 2011, S. 5/Nötzold, 2002, S. 15).

Qualitätsentwicklung:
Bezeichnet die durch einen kontinuierlichen Verbesserungsprozess angestrebten, flexiblen Zielzustände des Qualitätsmanagements in Abhängigkeit zu einer sich verändernden Umwelt (vgl. Hartz & Meisel, 2011, S. 21). Die »Herstellung von Qualität« ist ein auf aktive Gestaltung ausgelegter Prozess der Zukunftsorientierung (vgl. Hartz, 2010, S. 5).
Die Herausforderung einer Organisation besteht darin, diese unterschiedlichen Konzepte hinsichtlich alltäglicher Routinen auf die »gute« Erledigung der Arbeit auszurichten. Dem Qualitätsmanagement kommt eine besondere Rolle zu, indem eine bewusste, praxisorientierte Gestaltung kontinuierlich erfolgen und gesichert werden sollte (vgl. Knoll, 2002, S. 73f.). Da das Qualitätsmanagement für diese Untersuchung einen zentralen Punkt einnimmt, folgt anschließend eine ausführlichere Betrachtung dessen.

2.4 Qualitätsmanagement

Durch die Einführung der DIN ISO 8402 im Jahre 1992, setzt die Beschäftigung mit den eigentlichen Qualitätsmanagementsystemen ein (vgl. Bülow-Schramm, 2006, S. 18), was eine Zunahme der Zertifizierungen nach der DIN EN ISO in Industrieunternehmen mit sich bringt; bis diese zu ganzheitlicheren Systemen weiter entwickelt werden (vgl. Brüggemann & Bremer, 2011, S. 6ff.). Während die Diskussion über den Begriff des Qualitätsmanagements ebenfalls vielfältig ausfällt, setzt mit dem »Zertifizierungsboom« und der Testatvergabe durch das Deutsche Institut für Normung (DIN) eine erste standardisierte Begriffsdefinition des Qualitätsmanagements ein. Die Deutsche Gesellschaft für Qualität und das Deutsche Institut für Normung verstehen unter Qualitätsmanagement Anfang der 1990er Jahre »denjenigen Aspekt der Gesamtführungsaufgabe, welcher die Qualitätspolitik festlegt und zur Ausführung bringt« (vgl. Ortlieb, 1993, S. 37/DIN, 1987, Punkt 11f.). Unter Qualitätspolitik verstehen die Autoren »die grundlegenden Absichten und Zielsetzungen einer Organisation zur Qualität, wie sie von der Leitung formell erklärt werden« (ebd.). In Anlehnung an Siegwart und Seghezzi (vgl. Seghezzi, 1983) beschreibt Ortlieb zu diesem frühen Zeitpunkt Qualitätsmanagement als ein qualitätsbezogenes Informationsverarbeitungssystem, das als Führungssystem der Unternehmung fungiert (ebd. S. 35f.).

»In Sinne eines kybernetischen Regelkreises laufen dabei folgende Führungsprozesse ab:

Informationsgewinnung	(Prozeß der Erhaltung und Erfassung interner und externer qualitätsrelevanter Basisinformationen)
Informationsverarbeitung	(Bewertungs- und Entscheidungsprozeß)
Informationsabgabe	(als Ergebnis des Entscheidungsprozesses in Form von qualitätsrelevanten Führungsgrößen bzw. Steuerungsinformationen)
Informationsgewinnung	(Prozeß der Erfassung interner Qualitätsinformationen zur Kontrolle der durchgeführten Qualitätssicherungsprozesse)

Informationsverarbeitung (Soll-Ist-Vergleich / Vergleich der Durchführungs- und Entscheidungsresultate)« (ebd., S. 37).

Wenngleich die Ausformulierungen sich bis heute stetig punktuell geändert haben, unterscheidet sich die grundlegende Überzeugung des Qualitätsmanagements (als qualitätsbezogenes Steuerungsinstrument der Führung einer Organisation) nicht (vgl. Bruhn, 2008, S. 81). Dabei verfolgt das Qualitätsmanagement bestimmte Ziele und Mittel, die in nachfolgender Abbildung skizziert werden:

Abbildung 3: Ziele und Mittel des Qualitätsmanagement Aus: Kamiske & Brauer, 2002, S. 60

Als ein wesentlicher Aspekt des Qualitätsmanagements lässt sich die Umsetzung von Verfahren mit dem Zweck der Qualitätsverbesserung und -sicherung hervorheben. Im Fokus der Aufmerksamkeit stehen unterschiedliche Teilqualitäten (vgl. Behrmann, 2008, S. 207) »Qualitätsmanagement ist eine moderne Form, Qualität zu sichern« (Hartz, 2008, S. 220). Während das unternehmerische Controlling vielmehr auf eine effiziente wirtschaftlich monetäre Steuerung von Organisationen abzielt und eine effektive Bildungsarbeit gewährleisten will, werden dem Qualitätsmanagement nicht nur funktionale, sondern ebenfalls strukturelle Gesichtspunkte unterstellt (ebd. S, 208f.). Dies ermöglicht eine konkrete praxisrelevante Gestaltung der Arbeitssituation im Sinne eines mitarbeiterorientierten Arbeitsplatzes. Die Möglichkeit einer konkreten Formulierung mitarbeiterorientierter und qualitätsrelevanter Kriterien zur kontinuierlichen Verbesserung wird eröffnet (ebd., S. 209).

Neuere Erscheinungen, die eine Nutzung des Begriffes Qualitätsentwicklung mit sich bringen, heben die Orientierung der Organisation auf Fragen der Qualität im Rahmen eines »kontinuierlichen Verbesserungsprozesses« hervor. Die standardisierte Form der Dokumentation aller sich auf diese Aufgabenbereiche beziehenden Anstrengungen, die eine Erbringung von Qualität überprüfbar werden lassen, bezeichnet man als Qualitätsmanagementsystem (vgl. Merkens, 2006).

Diese verschiedenen Modelle bauen auf unterschiedliche konzeptionelle Vorstellungen auf, welche die Ausgestaltung der Qualitätsarbeit in mannigfacher Art und Weise (ausgehend von zentralen Vorstellungen und Denkgebäuden) steuern (vgl. Seghezzi, 2007).

Bei der Etablierung eines Qualitätsmanagementsystems im organisationalen Kontext sehen große und mittlere Unternehmen des Wirtschaftssystems im internationalen Geschäftsbereich, Möglichkeiten der Beeinflussung des Unternehmenserfolgs. Hauptgründe der Zertifizierung sind Prozessoptimierungen und die Steigerung der Wettbewerbsfähigkeit. In diesen Unternehmen steht die Verbesserung der Kundenzufriedenheit und des Endproduktes im Vordergrund (vgl. Benes & Vossebein, 1998).

Die Liste der in der Weiterbildungsbranche anzutreffenden Modelle ist lang und reicht über standardisierte Verfahren (DIN EN ISO, EFQM, AZWV) zu nicht standardisierten Verfahren der Selbstevaluation sowie Zertifikationen einfacher verbandsähnlicher Strukturen (vgl. Weiland, 2011). Anfänglich in den Bildungsbereich implementierte Qualitätssicherungsmaßnahmen wurden aus dem Wirtschaftssystem entlehnt. Eine hauptsächlich prozessorientierte Herangehensweise und die wirtschaftliche Semantik ließen kritische Stimmen lauter werden, die eine Uneignung der DIN EN ISO für das pädagogische Feld attestierten (vgl. Pfitzinger, 2003, S. 16 ff.), welche sodann für den Bildungsbereich überarbeitet wurde. Im Zuge dessen entstand eine eigens für das Bildungssystem konzipierte Normschrift (DIN EN ISO 29990). Diese sollte durch spezifische Anforderungen an den Lehr-Lern-Prozess (ausgehend von PAS 1037 und ergänzt durch Elemente der alten Normschrift DIN EN ISO 9001) sowie dem EFQM-Modell stärker auf die Belange der Erwachsenenbildung ausgerichtet sein. Nichtsdestotrotz verliert zunehmend das Bild einer Qualitätsverbesserung des Bildungsbereiches durch eine überwiegende Prozessorientierung an Bedeutung. Bildungsprozesse können schwer als Produkt begriffen werden. Weder eine

Produktorientierung, noch die Prozessorientierung der DIN EN ISO erwiesen sich als tragbar. Dies verlangte nach einem Managementsystem, welches dem beruflichen Selbstverständnis aller pädagogisch Arbeitenden gerecht wird und im Stande ist, Qualitätsverbesserung nicht ausschließlich an Umgebungsvariablen auszurichten (vgl. Hartz & Meisel, 2011, S. 65), sondern gezielt den Lerner als Hauptakteur eines gelungenen Lernprozesses in Augenschein zu nehmen. Die Zertifizierungsvielfalt in der Weiterbildungslandschaft sowie die hauptsächlich bürokratische Ausrichtung »klassischer wirtschaftlicher Managementsysteme« (Zech, 2006) verlangen ein Qualitätsmanagementsystem, das der konzeptionellen Grundlegung zu Folge diesen Forderungen gerecht wird. Dies ist der entwicklungsorientierte Ansatz der Lernerorientierten Qualitätstestierung in der Weiterbildung (LQW). Laut wbmonitor[7] sind die in der Weiterbildungslandschaft am stärksten implementierten Modelle zur Qualitätssicherung die DIN EN ISO und die durch ArtSet unterstützte Lernerorientierte Qualitätstestierung in der Weiterbildung (vgl. Weiland et al., 2010). Ein weiterer Vorteil der LQW besteht in der Flexibilität, die sich in der Anpassung an unterschiedliche Bildungsinstitutionen abzeichnet (LQS, LQK, KQS, KQB, LQB).

2.5 Fazit

Qualität ist ein Begriff, der sich jedweder Form der Standardisierung entzieht. Es sind sowohl personelle, als auch situative Faktoren für die Bestimmung und Sicherung von Qualität richtungsweisend. Die sich im Laufe der wissenschaftlichen Auseinandersetzung mit dem Thema »Qualität« ergebenden Zusammenhänge lassen den konkreten praxisorientierten Einbezug der Mitarbeiter in Qualitätsmanagementsysteme als sinnvoll erscheinen. Qualitätsmanagementsysteme verlangen die Implementierung eines Konzeptes zur Verbesserung der Arbeitsbedingungen mit Blick auf die organisationale Leistungsfähigkeit. Qualitätssicherung im Bildungsbereich erfordert ein »System«, welches flexibel genug ist sich den weitreichenden Veränderungen und Bedingungen des Gelingens anzupassen und darauf aufbauend zur Weiterentwicklung der Organisation beizutragen. Ein Qualitätsmanagementsystem, das diesen Anspruch explizit formuliert und sich direkt auf die Weiterbildungslandschaft bezieht ist die Lernerorientierte Qualitätstestierung in der Weiterbildung (LQW), welche im nachfolgenden Kapitel umfassend dargestellt werden soll.

---

[7] jährlich stattfindende wissenschaftsorientierte Umfrage zur »Ordnung der Weiterbildungslandschaft« als Kooperationsprojekt des BIBB und DIE

3 Die Lernerorientierte Qualitätstestierung in der Weiterbildung

Die LQW als Gegenstand dieser Untersuchung soll anschließend in ihren Grundzügen näher vorgestellt werden. Die Entstehung des Modells orientiert sich an den spezifischen Entwicklungen der Weiterbildungslandschaft. Die Nachvollziehbarkeit einer zunehmenden Nutzung der LQW in Wirtschaftsorganisationen und die spezielle Ausrichtung an pädagogischen Erfordernissen bedingt eine bildungswissenschaftliche, lern- und organisationstheoretische Grundlegung des Modells, die neben dem Aufbau und Ablauf des Verfahrens in diesem Kapitel thematisiert werden.

3.1 Entstehungshintergründe und Verbreitung

Im Zuge weitreichender Veränderungen (siehe Kapitel 2.3) im pädagogischen Feld und der Notwendigkeit in einer sich rasch verändernden Umwelt Bestand zu haben, können erste Bemühungen sich in der Weiterbildungsbranche dem Thema Qualitätsmanagement zu widmen auf die Anfänge der 1990er Jahre datiert werden. Erste Mitarbeiterfortbildungen des Landesverbandes der Volkshochschulen Niedersachsens, die sich diesen und anderen Themenbereichen (Die Lernende Organisation, Teamentwicklung, Rechts- und Organisationsformen, Controlling etc.) widmeten (vgl. Heinen-Tenrich, 2004, S. 146ff.), wurden unter Klausurtagungen namens »Vhs-Organisation« subsumiert. Die in den darauf folgenden Jahren durch den Landesverband der Volkshochschulen durchgeführten Begegnungen präsentierten verschiedene Dokumente, die sich der wissenschaftlichen Analyse des »status quo« an Volkhochschulen des Landes Niedersachsens und verschiedenen konzeptionellen Vorschlägen zur Qualitätssicherung annahmen. Mit der Hildesheimer Erklärung des Landesverbandes sollte die Nähe der Qualitätsentwicklung zu Maßnahmen der Organisationsentwicklung hervorgehoben werden (vgl. ebd.). Mit der Arbeit des landesweiten Qualitätsringes niedersächsischer Volkhochschulen, einer bestehenden Kooperation mit der ArtSet GmbH sowie den Ergebnissen des vhs-spezifischen Konzeptes der Selbstevaluation (einer Vorfassung des heutigen Selbstreportes) des pädagogischen Ausschusses, sollten die in den unterschiedlichen Arbeitstreffen erarbeiteten Ergebnisse standardisiert und einer breiten Masse an Volkshochschulen zugängig gemacht werden, die Vergleichbarkeit im Zuge qualitätsverbessernder Maßnahmen anstrebe. Die Beteiligten artikulierten in diesem Sinne den Wunsch nach einer externen Begutachtung und Testierung (vgl. ebd., S. 153). Grundlegendes Ziel war es »vorhandene Entwürfe und Strategien zu einem einheitlichen und transparenten System zu bündeln, zu verdichten und weiterzuentwickeln« (vgl. Ehses/Heinen-Tenrich & Zech, 2002, S. 8) und von einer gänzlichen Neuentwicklung eines Qualitätsmanagementsystems abzusehen, allerdings den Ansprüchen der AZWV gerecht zu werden (vgl. Hartz & Meisel, 2011, S. 74).

Die zwischenzeitlich im Jahre 1999 einsetzenden Änderungen des Niedersächsischen Erwachsenenbildungsgesetzes verlangten explizit nach einer externen Überprüfung der Maßnahmen zur Qualitätssicherung und -entwicklung (vgl. Krewerth, 2004, S. 43). Zwar waren zu diesem Zeitpunkt einige Volkshochschulen ISO-zertifiziert, die wirtschaftliche Ausrichtung erforderte für den Bildungsbereich zunehmend die Beschäftigung mit einer branchenspezifischen, größenunabhängigen Qualitätstestierung. Mit dem Projekt »Lernerorientierte Qualitätsentwicklung in Weiterbildungsnetzwerken«, einer weiteren Zusammenarbeit und wissenschaftlichen Begleitung mit und durch ArtSet und den Ergebnissen sowie Erfahrungen des Landesverbandes niedersächsischer Volkhochschulen begann die Modellentwicklung (vgl. ebd.). Diese wurde bis einschließlich 2005 mit »Mitteln des Bundesministeriums für Bildung und Forschung und des Europäischen Sozialfonds gefördert« (Erhart & Zech, 2009, S. 8). Der durch die Bezuschussung durch Mittel öffentlicher Hand bedingten Adressierung des Modells an gemeinnützigen Organisationen, wurde 2004 durch eine Marktöffnung entgegengewirkt (ebd.). Somit ist

> »(...) die Lernerorientierte Qualitätstestierung für Weiterbildungsorganisationen (LQW) [ist] das einzige Qualitätsmanagementverfahren, das aus der Weiterbildung und für die Weiterbildung entwickelt wurde (...)« (Zech & Braucks, 2004, S. 11).

Mittlerweile sind dem wbmonitor zu Folge ca. ein Drittel von 1492 untersuchten Weiterbildungseinrichtungen nach der DIN EN ISO 9000ff. und weitere 10% nach LQW zertifiziert (vgl. Weiland/Ambos & Schade, 2010). 2009 konnte die Zahl der Kunden auf 600 beziffert werden, exklusive der nicht zertifizierten Nutzer für den Raum Österreich und Deutschland. Nicht ausschließbar ist, dass die Zahl der zertifizierten Einrichtungen höher liegt, da die Anzahl der Weiterbildungsanbieter 2009 auf 16.000 Anbieter beziffert worden ist (vgl. Dietrich & Schade, 2008). Eine anfängliche Ausrichtung auf den Weiterbildungssektor löst sich tendenziell auf. So kommt es, dass Unternehmen des Wirtschaftssystems die

Vorteile des Modells für ihre Organisation nutzen (vgl. Erhart, 2009). Die Verwendung des Modells in Form einer branchenunabhängigen Testierung, entgegen der anfänglich konzeptionellen Ausrichtung, lässt eine stark zunehmende Verbreitung vermuten.

3.2 Aufbau des Modells

Mit der LQW liegt ein entwicklungsorientierter Ansatz (vgl. Zech, 2004) mit Orientierung an den spezifischen Bedingungen der Weiterbildungslandschaft vor. Die zu erfüllenden selbstdefinierten und einrichtungsspezifischen Qualitätsanforderungen sind nicht standardisiert und deren Realisierung obliegt der zu zertifizierenden Einrichtung.

»Die Lernerorientierte Qualitätsentwicklung und -testierung ist ein internes Qualitätsmanagementverfahren und eine externe Qualitätsevaluation für Bildungseinrichtungen, die mit einem bundesweit anerkannten Testat bestätigt wird« (Zech, 2006, S. 7).

Zur Vorbereitung der Zertifizierung stehen den Einrichtungen verschiedene Arbeitshilfen und Qualitätswerkzeuge sowie ausgewählte Literatur auf der Homepage von ArtSet kostenfrei zur Verfügung. LQW zeigt sich als Qualitätsmanagementsystem, welches den Anspruch formuliert den Eigenschaften des Bildungssektors Rechnung zu tragen. Charakteristika des Modells sind (vgl. Zech, 2006, S. 12):

Bildung wird als »gemeinsames Produkt« (Zech, 2006, S. 24) in seiner Zusammensetzung aus Bildungsansprüchen der Anbieter und den Bildungsbedürfnissen der Abnehmer verstanden. Ausgehend von der systemtheoretischen Fundierung des Modells, können die individuellen Lernprozesse nicht bzw. begrenzt beeinflusst werden.

Die Gelingensfaktoren von Bildung, durch Optimierung der Systemumwelt des »psychischen Systems Lerner«, stehen im Vordergrund (vgl. Trense, 2009). Mittelpunkt aller Qualitätsbemühungen ist der Lerner, auf seine speziellen Bedürfnisse ist die Qualitätsentwicklung der Organisation auszurichten (vgl. Zech, 2006, S. 89).

Bisherige Qualitätsmanagementsysteme zeichnen sich durch eine prozessorientierte Herangehensweise aus. Qualitätssicherung und -prüfungen werden ver-

laufsbegleitend durchgeführt und führen zu einer technokratischen Abarbeitung externer Anforderungen (vgl. Brückner et al., 2009, S. 27), während die LQW in ihrer Flexibilität die zielgerichtete Unterstützung einer sukzessiven Arbeitsverbesserung fördert (vgl. Erhart & Zech, 2009, S. 14). Qualität wird definiert als kontinuierlicher Verbesserungsprozess, ausgerichtet an den Veränderungsprozessen der Umwelt. Organisationales Lernen bildet den Ausgangspunkt für individuelles Lernen der Teilnehmenden (vgl. Zech, 2006, S. 12).

Bildung entsteht durch die reflexive Auseinandersetzung mit den getätigten Erfahrungen. Organisationales Lernen, welches die Gelingensbedingungen von Bildung der Teilnehmenden zu fördern vermag, ist als reflexiver Prozess auszurichten (vgl. Zech, 2008).

Die LQW setzt durch die Verfahrenssteuerung innerhalb der einzelnen Qualitätsstandards eine zu erfüllende Rahmung innerhalb der Qualitätsbemühungen, die spezifische Ausgestaltung obliegt der Organisation (vgl. Brückner et al., 2009, S. 27f.). Die entwicklungsorientierte Sicht wird gekoppelt mit dem Endziel einer Lernenden Organisation (vgl. Senge, 2006) und die gutachterliche Prüfung orientiert sich an selbstgesetzten Standards. Entwicklungspotenziale werden aufgegriffen und gefördert.

Unabhängig von der Größe der Organisation lässt sich das Modell einsetzen und anpassen. Organisationsübergreifende Nutzung zeigt sich in der Verwendung durch Wirtschaftsorganisationen. Erziehungs- und Wirtschaftssystem als Subsysteme der Gesellschaft unterscheiden sich in ihrer spezifischen Kommunikationsform. Die Ausrichtung des Modells an der soziologischen Systemtheorie erlaubt die Adaption für andere gesellschaftliche Subsysteme (vgl. Erhart & Zech, 2009, S. 12 f.).

Mailinglisten und der Aufbau eines LQW-weiten Netzwerkes sollen Benchmarking der Einrichtungen untereinander ermöglichen und Erfahrungsaustausche über kollegiale Beratung zwischen erfahrenen und unerfahrenen Anwendern fördern.

Diese Spezifika lassen sich in Unterscheidung zu anderen Qualitätsmanagementmodellen zu drei theoriegeleiteten Verständnissen in Anlehnung an Zech (2006) bündeln:

Bildungswissenschaftliche Grundlegung,
Lernerorientierung,
Qualitätsentwicklung als Organisationsentwicklung

Die Lernerorientierte Qualitätstestierung in der Weiterbildung 41

3.2.1 Bildungswissenschaftliche Grundlegung

»Bildung ist kein Produkt und keine Dienstleistung; Bildung ist das Ergebnis einer subjektiv begründeten Lernanstrengung eines Individuums« (Zech & Braucks, 2004, S. 13). Setzt man für den Bildungsprozess den Produktbegriff voraus, gibt es kein anderes Produkt an dem der »Kunde« die Qualität des Endproduktes derart beeinflusst (vgl. Humpert, 2004, S. 39).

»Daher integriert eine gelungene Bildung immer die Trias der Persönlichkeitsentwicklung eines sich aus Abhängigkeiten emanzipierenden Subjektes, einer sozialen Integration in gesellschaftliche Zusammenhänge sowie einer sachlich-fachlichen Qualifizierung des Wissens und Könnens. Die Bildung eines Menschen ist im Kern immer Selbst-Bildung; der Weg der Bildung - das Lernen - ist immer selbstgesteuert, denn nur das Subjekt selbst kann ermessen und entscheiden, wann und in welcher Hinsicht die Bewältigung seiner Alltagspraxis durch einen ausgegliederten Lernprozess unterstützt und verbessert werden muss und ob schlussendlich ein Lernerfolg im Sinne einer Erhöhung der individuellen Handlungsfähigkeit stattgefunden hat. Da Bildung allerdings immer sozial vermittelt ist - denn sie bezieht sich auf gesellschaftlich geschaffene, vergegenständlichte Bedeutungsstrukturen und findet in der Regel in Interaktionsverhältnissen statt-, können Bildungsorganisationen den Bildungsprozess der Subjekte unterstützen und optimieren. Was sie nicht können, ist ein Individuum bilden (Zech, 2006, S. 29).

Damit verpflichten sich die Modellentwickler einem traditionellen lern- und bildungstheoretischen Verständnis, wie es bei Horkheimer, Humboldt und neueren bildungswissenschaftlichen Auseinandersetzungen zu finden ist. Bildung definiert sich durch ein Sich-selbst-Bilden in der reflexiven Auseinandersetzung mit sich, der Welt und anderen Individuen. Das Leben bildet und ermöglicht dem Menschen die Selbstgestaltung und Erprobung der wichtigen Dinge des Lebens (vgl. Dörpinghausen, 2009).

Das LQW-Verfahren zielt auf Steigerung der Qualität durch Reflexivität. Bildung bezieht sich gleichermaßen auf den Lernprozess und das Lernergebnis. Die Situation des fremdgesteuerten Bildungsversuchens und die damit einhergehenden unvorhersehbaren Wendungen des Prozesses, die Luhmann als Emergenz bezeichnet, sind zufallsgesteuert und nicht im Voraus planbar (vgl. Scheef, 2009, S. 39). Edukation und Bildung entziehen sich jedweder Form der Fremdsteuerung. Im organisationalen Zusammenhang fehlt es zugleich an »Materialien mit vorhersehbaren Wirkungen und erkennbaren Fehlerquellen«, die eingesetzt werden können, um einen Zustand in einen anderen zu überführen. Die Fakten führt Luhmann unter dem Stichwort des »Technologiedefizits der Pädagogik« zusammen (vgl. Luhmann & Schnorr, 1982, S. 14). Treten gleichzeitig psychische und soziale Systeme auf und beeinflussen sich gegenseitig, ist dieses Defizit prinzipiell lösbar (vgl. ebd.), bedingt aber das kooperative Zusammenspiel zwischen Bildungsanbieter und -abnehmer. Bildung vollzieht sich in Form einer sozialen Anregung als Perturbation[8] des psychischen Systems Lerner. Diese und andere systemtheoretische Gegebenheiten beeinflussen die Modellentwicklung maßgeblich und zeichnen sich ab, wenn Zech feststellt, dass jegliche Steuerungsversuche den Lernprozess des Teilnehmenden behindern, und ein Lernprozess als Koevolution[9] operativ geschlossener, aber anschlussfähiger kommunizierender psychischer Systeme zu verstehen ist (vgl. Zech, 2006, S. 54). So kann Bildung nicht im Sinne einer »Vermittlungsdidaktik« ausgehend von einer rein technischen Wissensvermittlung erfolgen, sondern diese Ungeeignetheit wird zu Gunsten einer ermöglichungsdidaktischen Perspektive aufgegeben, welche sich durch das Bereitstellen geeigneter Lernumgebungen mit »Lernbegleitung« und »Anregung von Lernprozessen« äußert (vgl. Holtz, 2008, S. 78). Diese Ermöglichungsbedingungen können gezielt durch eine Steigerung des organisationalen Reflexionsniveaus verbessert werden (Zech & Bracks, 2004, S. 15). Das Modell setzt gezielt auf die Erhöhung reflexiver Anteile in einem partizipativen Prozess. Formalisierungen dieser Reflexivität sind aufzugeben, da diese für die Qualitätsentwicklung von Bildungsanbietern als kontraproduktiv anzusehen sind, was der Kritik üblicher QM-Modelle entspricht (vgl. Zech, 2007, S. 14).

3.2.2 Lernerorientierung

Die sich im stetigen Wandel befindende Umwelt (siehe Kapitel 2) schlägt sich in den verwendeten Qualitätsmanagementverfahren nieder und erfordert einen flexiblen Umgang innerhalb der Weiterbildungseinrichtungen zur Erhaltung der Marktfähigkeit. Im Rahmen eines kontinuierlichen Verbesserungsprozesses (vgl. Neckel, 2001) zeichnet sich dieser Markt durch die Notwendigkeit eines stetigen Wandels der Lehrangebote und Rahmenbedingungen aus, die von der ganzen Organisation getragen werden müssen. Im Zentrum dieser dynamischen Veränderungsprozesse steht die »Fokussierung des gesamten Qualitätsmanagements auf den gelungenen Lernprozess« (Zech, 2006, S. 37). Definiert wird sie durch die Definition gelungenen Lernens. Während die Verbesserung der Arbeitsverhältnisse eine niederschwellige Rolle spielt, sind die positiven Entwicklungen des Lernprozesses durch eine Erhöhung des Lernerfolges ausschlaggebend. Die Qualitätsentwicklung kann nur in der Auseinandersetzung mit organisationalen Strukturen und den individuellen Bedürfnissen des Lernenden geschehen. Be-

---

[8] systemtheoretische Verwendung, ursprünglich zurückzuführen auf Humberto Maturana, zur Bezeichnung von möglichen positiven Auswirkungen von Systemstörungen
[9] wechselseitige Anpassung zweier Systeme, die durch eine starke Interaktion geprägt ist

Die Lernerorientierte Qualitätstestierung in der Weiterbildung 43

darfsbezogen erfolgt innerhalb der Organisation eine Verständigung darüber, wie die Individuen optimal angeregt, gefördert und unterstützt werden können. Dies wird in der Definition gelungenen Lernens gebündelt (vgl. Ehses & Zech, 2002, S. 8). Neben der systemtheoretischen Orientierung spielt der subjektwissenschaftliche Lernbegriff eine entscheidende Rolle. Nach Holzkamp ist Lernen in der Abhängigkeit seiner spezifischen Lebenssituation zu betrachten und kann lediglich durch den Lernenden selbst initiiert werden (vgl. Holzkamp, 1995). Holzkamp zu Folge ist Lernen durch die Erweiterung der alltäglichen Handlungsfähigkeit gekennzeichnet und kann wie in Abbildung 4 dargestellt werden.

Ausgangssituation des Lernens	Der Lernprozess verläuft	Lernergebnis
Widersprüche und Dilemmata des Alltagshandelns als subjektiv bedeutsame Lernproblematik	von Diffusität zu Differenziertheit von Fixiertheit zu Prozesshaftigkeit von Isoliertheit zum Zusammenhang von Linearität zu Multiperspektivität von thematischer Begrenztheit zu Übertragbarkeit von Eindimensionalität zu Mehrdimensionalität von Zufälligkeit zu Gesetzmäßigkeit von Kritiklosigkeit zu Reflexivität	Erweiterte Verfügbarkeit über individuell relevante gesellschaftliche Lebensbedingungen

Abbildung 4: Dimensionen gelungenen Lernens Aus: Zech, 2006, S. 42

Das Lernen erfolgt innerhalb des psychischen und operational geschlossenen Systems durch die Operationsform der Gedankenoperationen. Das Lernergebnis hängt von den eigenen individuellen Lerninteressen des Subjekts ab und entsteht erst in der reflexiven Auseinandersetzung. Aus ermöglichungsdidaktischer Sicht lässt sich dieser Prozess durch Bedingungsfelder der Lernunterstützung (Abbildung 5) in Form von konzentrischen Kreisen unterstützen (vgl. Ehses & Zech, 2002, S. 10).

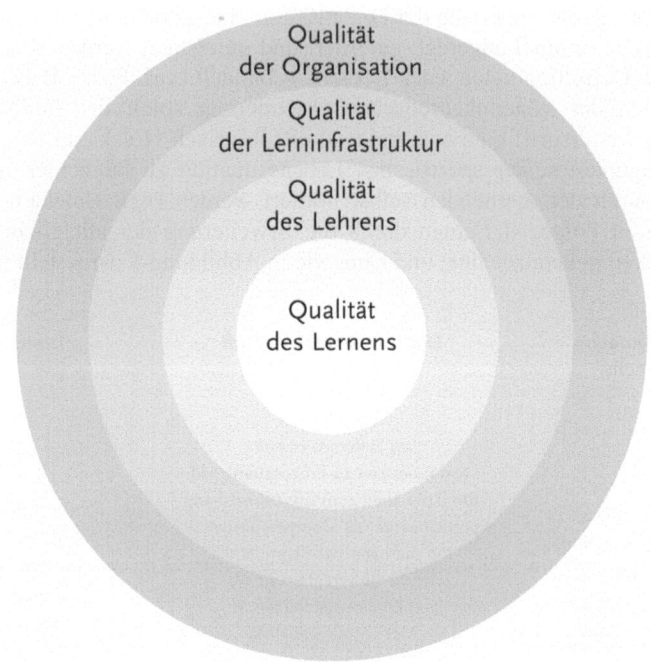

Abbildung 5: Bedingungsfelder der Lernunterstützung Aus: Ehses & Zech, 2002, S. 10

Ausgehend von dem Leitbild und der Definition gelungenen Lernens wird die Qualität des Lernens vordergründig durch die Qualität des Lehrens unterstützt, welche sich auf die Interaktion zwischen Lehrenden und Lernenden und die Qualität des Lehrens bezieht. Die Qualität der Lerninfrastruktur verdeutlicht die Ermöglichungsbedingungen des Lerngeschehens in jeglicher Hinsicht, während die Qualität der Organisation die organisatorische Rahmung des Lernarrangements umfasst (ebd.)

Die reflexive Leistung der Organisation erfolgt erst, wenn die im Leitbild und der Definition gelungenen Lernens definierte Lernerorientierung sich im eigenen Handeln innerhalb der Organisation und den Maßnahmen, widerspiegelt (vgl. Trense, 2009, S. 60).

Die Lernerorientierte Qualitätstestierung in der Weiterbildung 45

3.2.3 Qualitätsentwicklung als Möglichkeit der Organisationsentwicklung

Die Ausrichtung des Modells zielt auf eine beidseitige Integration professions- und organisationsbezogener Qualitätsentwicklungen (vgl. Hartz & Meisel, 2011, S. 121). Durch die Operationalisierung der Bedingungsfelder der Lernunterstützung (des Praxisleitfadens) werden die Mindestanforderungen an eine Verbesserung der Qualität des unmittelbaren Lerngeschehens definiert und Nachweismöglichkeiten erläutert. Die Ausgestaltung dieser Mindestanforderungen obliegt der Einrichtung. Die Bedingungen der Bildung werden in Organisationen durch die Selbstevaluation erhoben, optimiert und im Rahmen des Selbstreportes festgehalten. Die externe Begutachtung endet mit dem Festhalten der strategischen Entwicklungsziele für den nächsten Zertifizierungszeitraum und bietet genügend Raum individuelle Potenziale zu erschließen und weiter auszubauen, die das Einüben eines kontinuierlichen Verbesserungsprozesses fördern. Dies geschieht in sich wiederholenden zirkulierenden Ablaufschemata des Verfahrens (Abbildung 6).

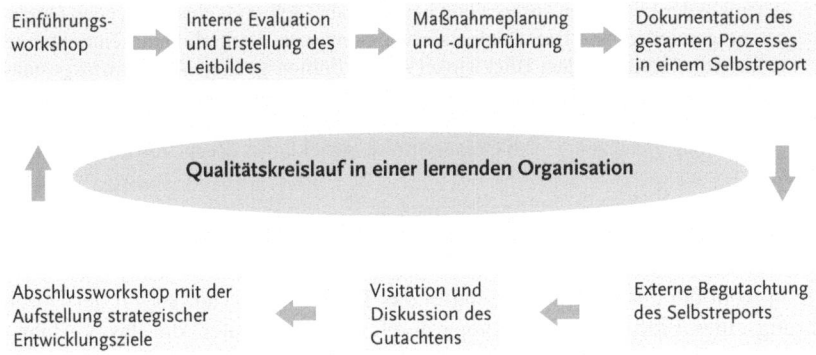

Abbildung 6: Qualitätskreislauf in einer lernenden Organisation Aus: http://artset-lqw.de/cms/uploads/pics/Qualitaetskreislauf_02.gif

Die Ausgestaltung des Qualitätskreislaufes orientiert sich an zwei Bezugspunkten und ihrer gegenseitigen Ausrichtung. Die Bedürfnisse des Lernenden sind ausschlaggebend für die organisatorische Beschaffenheit der Einrichtung. Weiterhin besteht die Notwendigkeit, dass sich die Organisation als Lernende begreift und die Selbstbeobachtung der Organisation aus der Perspektive des Lernenden vollzieht; diese Übernahme der Umweltperspektive kennzeichnet Jander als wichtigste Voraussetzung für organisationales Lernen (vgl. Jander, 2013, S. 46). Sie mündet im Idealfall in einer Ausrichtung der Weiterbildungsorganisation an Lerninteressen; ausgehend von abweichenden Entscheidungen von bisherigen Routinen und aufbauend auf den Prozess der Selbstreflexionsfähigkeit (vgl. Ehses & Zech, 2002, S. 11). Bestenfalls geschieht dieser Prozess unabhängig von der Testierung der Organisation. Die Steuerungsproblematik ist hierbei unabhängig von den jeweiligen Systemtypen. Organisationales Lernen ist wenig von außen beeinflussbar, das individuelle Lernen der Teilnehmer ebenfalls. Fördernd sind die Selbststeuerungspotentiale und entsprechende Eigenmotivationen (vgl. Jander, 2013, S. 46).»Steuerungshilfen, in Form von Indikatoren zur Erreichung notwendiger Entwicklungsschritte, bieten die zu erfüllenden Anforderungen der Qualitätsbereiche 1 bis 11« (Zech, 2006, S. 36 zitiert nach Jander, 2013). Zech (2007) fasst zusammen:

>»Die Organisation der Bedingungen von Bildung ist gelungen, wenn die Bildungseinrichtung alle ihre Abläufe und Strukturen auf die Unterstützung der Bildungsbedürfnisse der Lernenden ausgerichtet hat und dabei selbst zu einer lernenden Organisation geworden ist. Die Qualitätsentwicklung von Weiterbildungseinrichtungen sollte daher stets aus dem Blickwinkel der Definition gelungenen Lernens gestaltet und reflexiv begründet werden. Nur ein Qualitätsmanagement, das dies sicherstellt, kann als geeignet für die Bildung angesehen werden. In diesem Sinne ist Qualitätsentwicklung gleichzeitig auch Organisationsentwicklung« (Zech, 2007, S. 13).

3.3 Ablauf des Testierungsverfahrens

Wie in Abbildung 6 verdeutlicht, startet das Testierungsverfahren mit der Durchführung eines Einführungsworkshops durch externe Berater, die das Verfahren den Organisationen vorstellen und in den Qualitätsprozess einleiten.

Die Lernerorientierte Qualitätstestierung in der Weiterbildung 47

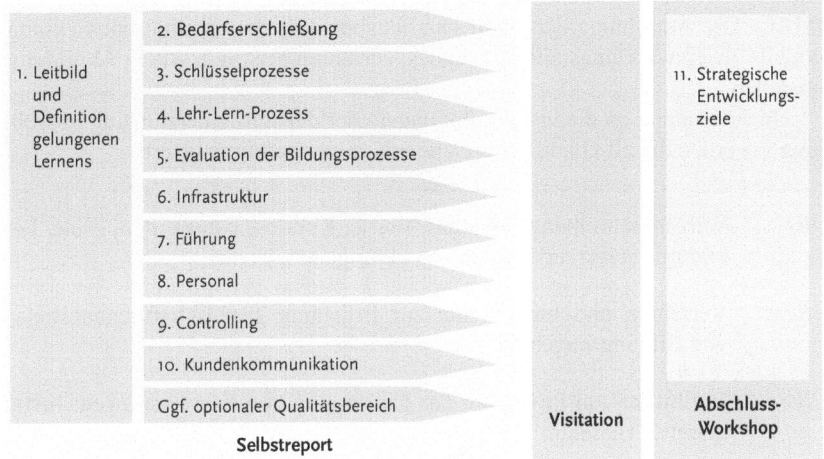

Abbildung 7: Qualitätsentwicklungsverfahren Aus: http://qualitaetsentwicklung.bkj.de/fileadmin/nutzer/GRAFIK_ LQW.jpg

Ausgehend von selbstdefinierten Anforderungen sind Potenziale und Schwächen der Organisation innerhalb der 11 Qualitätsbereiche darzustellen und intern zu evaluieren. Dabei fokussiert der Qualitätsbereich 1 eine Selbstbeschreibung der Organisation in Form eines Leitbildes und der Definition gelungenen Lernens als Kern- und Ausgangspunkt der Qualitätsentwicklung mit Wirkung auf die nachfolgenden Qualitätsbereiche. In den Qualitätsbereichen 2 bis 11 wird der »status quo« des Entwicklungsstandes evaluiert und muss sich aus dem Qualitätsbereich 1 heraus begründen. Ein auf 80 Seiten limitierter Selbstreport bildet die Grundlage für die durchzuführende Zertifizierung. Dieser ist 13 Monate nach Anmeldung zur Zertifizierung einzureichen.

Die in dem Praxisleitfaden dargestellten Nachweismöglichkeiten sind von der Einrichtung zu dokumentieren und bei der externen Begutachtung (Visitation vor Ort) auf Nachfrage vorzulegen (vgl. Zech, 2006, S. 14ff.). In gemeinschaftlicher Arbeit wird durch zwei unabhängige Gutachter der Testierungsstelle ein Gutachten aufbauend auf den Selbstreport erstellt. Dieses wird in einem partizipativen Prozess ausführlich diskutiert und strategische Entwicklungsziele formuliert, welche die Grundlage für die vier Jahre später stattfindende Retestierung sind (ebd.). Raum für diese Auseinandersetzung bietet der mit den

Gutachtern durchzuführende Abschlussworkshop (vgl. Ehses und Zech, 2002, S. 18f.). Die Anordnung der zwölf Qualitätsbereiche des Qualitätsentwicklungsmodells als entwicklungsunterstützendes Verfahren lässt sich wie in Abbildung 7 darstellen.

In Anlehnung an die vier Bedingungsfelder der Lernunterstützung in Abbildung 5 werden die elf Qualitätsbereiche wie folgt operationalisiert:

QB1: Selbstbeschreibung, Identität, Werte, Kunden, Fähigkeiten, Ziele, Leitbild mit Selbstverständnis von gelungenem Lernen.

QB2: Verfahren und Instrumente zur Erhebung gesellschaftlichen Bedarfs von Bildungsangeboten.

QB 3: Definition von Prozessen zur Erbringung von Kernleistungen; Institutionelles Handeln.

QB 4: Fachliche, didaktisch-methodische, soziale, personale und beraterische Kompetenzen des Fachpersonals, Inhalte, Ziele und Formen des Lernens; Fortbildungsplanung in Bezug auf die Lehrenden.

QB 5: Instrumente zur Prüfung und Bewertung der Lernprozesse; Rückmeldungen über Lernerfolg, Zufriedenheit von Lernenden und Auftraggeber; Realisierung institutioneller Ansprüche.

QB 6: Räumliche, zeitliche, ausstattungsbezogene, materielle und mediale Bedingungen des Lernumfeldes; Arbeitsbedingungen der Beschäftigten.

QB 7: Wie fördert Führung die Kooperation zur Erbringung der Organisationsleistung?

QB 8: Maßnahmen der Personalplanung, des Personaleinsatzes und der Personalentwicklung.

QB 9: Prüfung der Maßnahmen, die dazu dienen, den Grad der Erreichung der selbst gesetzten Ziele zu erreichen und darauf aufbauend Steuerungsentscheidungen zu treffen.

QB 10: Wie werden Leistungsangebote und Geschäftsbedingungen an den Kundenbedürfnissen ausgerichtet?

Die Lernerorientierte Qualitätstestierung in der Weiterbildung

QB 11: Langfristige Ziele der Weiterentwicklung in Orientierung an dem selbst formulierten Leitbild, die sich aus der internen Evaluation heraus begründen (vgl. Zech, 2006, S. 39ff.).

Der Ablauf dieser elf Qualitätsbereiche ist nicht willkürlich gewählt, sondern orientiert sich an der organisationalen Logik eines Bildungsprozesses (vgl. Zech, 2008b, S. 9):

»Am Anfang klären Sie als Bildungsanbieter sich und ihre Kunden über Ihr pädagogisches Leitziel und Ihr Selbstverständnis/Leitbild auf. Danach fragen Sie in der Bedarfserschließung nach den Wünschen Ihrer Kunden. Auf dieser Basis regeln Sie Ihre internen Arbeitsprozesse zur Entwicklung und zum Vertrieb Ihrer Bildungsangebote. Danach wird die Durchführungsqualität der Lehr-Lern-Prozesse gesichert und anschließend evaluiert. Im Bereich Infrastruktur gestalten Sie die Lern- und Arbeitsräume. Die Führung steuert die Zielorientierung Ihrer Organisation, und im Bereich Personal werden die Kompetenzen der Mitarbeitenden entwickelt. Das Marketing sorgt dafür, dass Ihre Angebote auch die Adressaten erreichen. Die Kundenkommunikation und Kundenorientierung Ihrer Organisation gestalten Sie im entsprechenden Qualitätsbereich. Im Controlling prüfen Sie, ob Sie Ihre selbst aufgestellten inhaltlichen und finanziellen Ziele erreichen. Und im letzten Qualitätsbereich - dem strategischen Management - planen Sie die Zukunft Ihrer Organisation«

Diesen elf Qualitätsbereichen liegen zentrale Denkgebäude zu Grunde, die die jeweilige Ausgestaltung steuern (vgl. Kapitel 2.2). Ein sich daraus ergebender Leitgedanke ist die Mitarbeiterorientierung. Um den Anforderungen dieses »Konzeptes« gerecht zu werden, bieten sich aus psychologischer Sicht die Theorien der Mitarbeitermotivation an.

3.4 Fazit LQW

Lernen vollzieht sich nach der theoretischen Ausrichtung des Modells in einer durch das individuelle Lerninteresse gesteuerten Atmosphäre. Neben der Orientierung an persönlichen Merkmalen ist die situative Gestaltung der spezifischen Lernsituation nach Holzkamp entscheidend für den Lernprozess. Dadurch, dass Lernen begrenzt durch das Gestalten der Ermöglichungsbedingungen steuerbar ist, greift die LQW nicht durch formale Standardisierungen in den Organisationsalltag ein. Sie bietet innerhalb der 11 Qualitätsbereiche Steuerungshilfen an, die in einem flexiblen entwicklungsorientierten Prozess individuell ausgestaltet werden können. Die beabsichtigte Verhaltensauslösung bei den Mitarbeitern (durch die individuelle Ausgestaltung persönlicher und situativer Einflussfaktoren unter qualitätsfördernden Gesichtspunkten) erscheint prädestiniert für eine Verbindung mit motivationspsychologischen Erkenntnissen zu sein.

4 Motivation als Konzept des Qualitätsmanagements

> »Qualität beginnt beim Menschen, nicht bei den Dingen. Wer hier einen Wandel herbeiführen will, muß zuallererst auf die innere Einstellung aller Mitarbeiter abzielen« (Philip B. Crosby)

Die motivationstheoretischen Erkenntnisse und Termini zeichnen sich durch eine Vielfalt an Perspektiven und Forschungsansätzen aus. Diese haben jeweils unterschiedlichen Einfluss auf das Konzept der Motivation. Um dem Leser die fachliche Auseinandersetzung und Einordnung der Arbeit zu ermöglichen, sollen die Grundströmungen in ihren wichtigsten Aussagen nachgezeichnet werden, bevor diese eine fachliche Einordnung über den Zusammenhang von Qualität und Motivation (sowohl in Wirtschaftsunternehmen als auch im pädagogischen Feld) erfahren.

4.1 Begriffsdefinition: Motivation

> »Es gilt heute als unbestrittene Tatsache, dass herausragende Unternehmensleistungen nicht ohne eine motivierte Mitarbeiterschaft erbracht werden können« (Schreyögg, 2010, S. 188).

Ausgehend von neuen Formen der Arbeits- und Unternehmensorganisation, die zunehmend auf pädagogische Felder übertragen werden (vgl. Kapitel 2.3), sind es nicht zuletzt Qualitätszirkel, die nur durch motivierte Mitarbeiter effektiv und effizient funktionieren können (Schreyögg 2010, S. 188.).

Motivation, Motivierung und Motive, all dies sind scheinbar Begriffe, die auf den ersten Blick ähnliche oder gleiche Sachverhalte beschreiben. In der organisationspsychologischen respektive psychologischen Literatur allerdings jeweils klare Abgrenzungen zueinander aufweisen. Während in der Forschungsliteratur diese grundlegenden Termini eindeutig definiert sind, fällt für die Begriffe der Motivation und Arbeitszufriedenheit eine wenig einheitliche Begriffsbestimmung auf. Dies führt dazu, dass die der Motivation zu Grunde gelegten Theorien ebenfalls auf den Bereich der Arbeitszufriedenheit angewandt werden. Daraus resultiert eine kaum überschaubare Fülle an Forschungsbemühungen. Locke (1976) zählt in den 1970er Jahren allein die Arbeitszufriedenheit betreffend über 3000 Publikationen für den nichteuropäischen Raum (vgl. Mertel, 2006, S. 8). Zahlreiche Überblickswerke existieren, die in der Auseinandersetzung mit dieser Thematik nur Teilbereiche erörtern. In dieser Untersuchung soll der Versuch unternommen werden, diese Begriffsdefinitionen als Determinanten menschlichen Verhaltens (vgl. Rosenstiel/Molt & Rüttinger, 2005, S. 259) zusammenzuführen (Abbildung 8).

Motive werden in der Psychologie als grundlegende Anlagen, die individuell verschieden und charakteristisch für den Menschen sind, beschrieben. Personen lassen sich danach unterscheiden, »wie sie auf bestimmte Merkmale von Situationen reagieren« (vgl. Nerdinger, 2001, S. 350). Beschreibungen von Motiven in Abhängigkeit zur Motivation, welche sich sowohl auf Mitarbeiter, als auch auf Situationshandlungen beziehen, lassen sich ebenfalls finden.

>>Menschen verfolgen die unterschiedlichsten Handlungsziele, wobei prinzipiell unendlich viele Formen und Ausprägungen solcher Ziele denkbar sind. Handlungsziele werden daher nach gemeinsamen Themen zusammengefasst und mit allgemeinen Begriffen wie z.B. Leistung, Macht oder sozialer Anschluss umschrieben. Solche Klassen von Handlungszielen bilden inhaltlich zusammenhängende Beweggründe des Handelns, die als Motive bezeichnet werden« (Nerdinger /Blickle & Schaper, 2008, S. 426f.).

Motivation als Konzept des Qualitätsmanagements 53

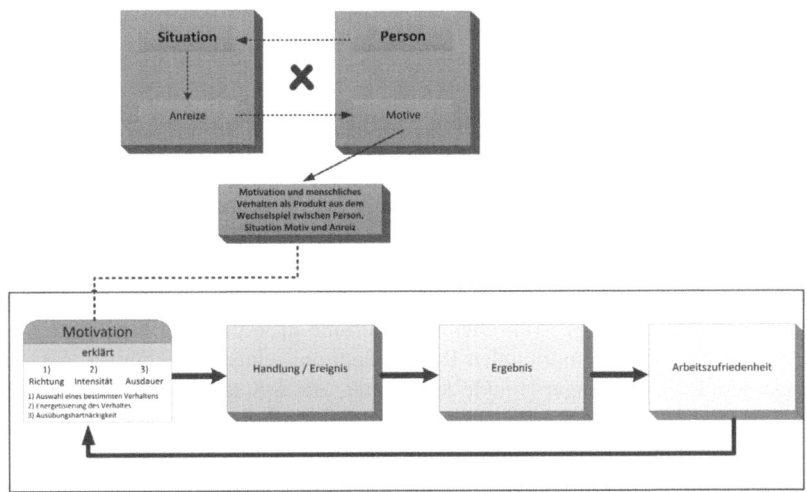

Abbildung 8: Eigene Darstellung: Motivation als Determinante menschlichen Verhaltens in Anlehnung an Fischer, 1989/Kauffeld, 2011/Nerdinger, 2001

Die durch die Autoren geschilderte Zusammenfassung unterschiedlicher Bedürfnisse und Ziele zu einer bestimmten Klasse (Leistung) bezeichnet man als Leistungsmotiv (ebd.).

Grundvoraussetzung für das Entstehen menschlichen Verhaltens ist, dass Personen mit ihren individuellen Bedürfnissen und Zielen in einer bestimmten Situation die Möglichkeit bekommen durch eine Aufforderung zu einer Handlung »angereizt« zu werden. Menschliches Verhalten ergibt sich durch eine Anreiz gesteuerte Regulierung bestimmter Motive. In diesem Sinne kann man menschliches Verhalten als ein Produkt aus diesen vier Komponenten beschreiben. Das Wechselspiel zwischen Person, Situation, Motiv und Anreiz wird in der Psychologie unter Motivation zusammengefasst (vgl. Kauffeld, 2011, S. 186/ Heckhausen 2010, S. 3/Nerdinger, 2001, S. 350). Durch Motivation wird die Entscheidung für ein bestimmtes Verhalten (Richtung), die Energetisierung des Verhaltens sowie die Hartnäckigkeit in der Ausführung dieses Verhaltens erklärt. In einer feineren Ausdifferenzierung werden die Variablen durch individuelle

Fertigkeiten, die Motivation (Können) und die Volition[10] (Wollen) ergänzt (vgl. Rosenstiel/Molt & Rüttinger, 2005, S. 259). Diese Interdependenz von Motiv und Anreiz eines zielgerichteten Handelns wird in der organisationspsychologischen Auseinandersetzung von einigen Autoren mit einer primär ökonomischen Sichtweise (Fischer, 1989, S. 5) zur Erklärung der Leistung von Mitarbeitern herangezogen (Nerdinger/Blickle & Schaper, 2008/Schreyögg, 2003 & Nerdinger, 2001) und durch das Konstrukt der Arbeitszufriedenheit ergänzt. Während die Motivation eher von einer prospektiven Sichtweise auf mögliche Handlungsziele ausgeht, lässt sich Arbeitszufriedenheit als ein retrospektiver Soll-Ist-Vergleich des Handlungszieles bezeichnen (vgl. Fischer, 1989, S. 28/Nerdinger, 2008, S. 351). Dies umfasst eine grundlegende Einstellung zur Arbeit, aufbauend auf emotionalen Reaktionen, und einem bestimmten Arbeitsengagement (vgl. Nerdinger/Blickle & Schaper, 2008, S. 427).

Ausgehend von der primär ökonomisch orientierten Sichtweise sollen Menschen im organisationalen Kontext mit dem Ziel einer Leistungsoptimierung (Optimierung von Ausdauer und Intensität) auf bestimmte Handlungsziele fixiert werden. Gepaart mit einer (die Zielerreichung unterstützenden) Ausrichtung der Bedingungen des Handels bezeichnet man dies als Motivierung (vgl. Nerdinger, 2008, S. 350).

4.2 Intrinsische und extrinsische Motivation

Wenngleich die Unterscheidung zwischen extrinsischer und intrinsischer Motivation von einigen Autoren nicht geteilt wird (vgl. bspw. Frey, 2000), trägt sie zu dem Verständnis der im Verlaufe der weiteren Untersuchung genutzten Motivationstheorie als Analyseinstrumentarium bei.

> »Es gibt reiche Engländer, die einen Viererzug zwanzig bis dreißig Meilen in einem Tage laufen lassen, weil dieser Spaß sie einen Haufen Geld kostet; würden sie aber dafür bezahlt werden, so würden sie es als »Arbeit« ansehen und darauf verzichten« (Twain, 1876 zitiert nach Etzel & Münche, 2012, S. 18).

In der genaueren Auseinandersetzung mit dem Zitat fällt auf, dass durch fremdgesteuerte Versuche der Motivierung eines Menschen das angestrebte Ziel nicht immer erreicht werden kann. Konträr dazu, wenn die ausführende Tätigkeit mit Spaß verbunden ist. In der Psychologie (unter motivationstheoretischen Aspekten) wurde der Zustand des Aufgehens in einer Tätigkeit, dem völligen Schaf-

---

[10] Psychologische Bezeichnung zur zielbezogenen Steuerung von Motiven durch die menschliche Willenskraft

fensrausch, welcher u.a. den Spaß an einer Tätigkeit fördert und diese uns »leicht von der Hand gehen lässt« als Flow bezeichnet (vgl. Csikszentmihalyi, 1985). Dieser Perspektive folgend, scheint es zwei unterschiedliche Motivationskonzepte zu geben, die zwischen fremdgesteuert und selbstgesteuert unterscheiden.

Die Betrachtung des Praxisbeispiels eröffnet eine weitere ungeklärte Frage. Viele Seminarteilnehmer streben eine berufliche Neuorientierung oder Verbesserung der Ausgangssituation an. Dies bedeutet einen mehr oder minder erheblichen Mehraufwand hinsichtlich der beruflichen Alltagssituation. Es mag Personen geben, welche aus Gründen der beruflichen Vielfältigkeit Bildungsmaßnahmen besuchen. Es bleibt zu vermuten, wenn solche Intentionen nicht erfüllt sind und sich Grundbedingungen ändern, würden sie die entsprechenden Bildungsangebote nicht mehr wahrnehmen. Die Praxis zeigt aber, dass gerade kurz vor Beendigung z.b. einer Maßnahme, sie auch bei nichtbestandenen Prüfungen weiterhin versuchen werden zu bestehen, um das anvisierte Ziel erreichen zu können. Andere versprechen sich die Fortführung etwaiger Familientraditionen oder durch das Elternhaus erbrachte monetäre bzw. materielle Belohnungen, oder einfach nur die familiäre Anerkennung. Genauso mögen manche Teilnehmer im »Schatten der familiären Tradition« motivationslos begonnen haben, einen monetären Anreiz durch die Familie bekommen haben, und nach geraumer Zeit, nehmen sie voller Begeisterung teil. Oder sie erhoffen sich eine weitere materielle Anerkennung von Seiten der Familie (vgl. Rheinberg, 2010, S. 365ff.).

Diesen Überlegungen folgend, erscheint die anfängliche Orientierung an zwei verschiedenen Formen der Motivation nicht hinreichend zu sein. Diese Uneinigkeit in der Systematisierung spiegelt sich ebenfalls in der Forschungsliteratur. Rheinberg (2010) unternimmt einen Versuch die Auseinandersetzung in drei historisch geprägte Theoriephasen einzuordnen.

Innerhalb der ersten Theoriephase sind Aussagen über die Ausprägungsformen der Motivation bereits in der Nikomachischen Ethik von Aristoteles zu finden. Aristoteles beschreibt die Lust, die in einer Tätigkeit selbst liegt oder von außen an die Tätigkeit herantritt. Jene erste Differenzierung des Motivationskonzeptes lässt sich etymologisch von der englischen Wortbedeutung der Begriffe »intrinsic and extrinsic« sowie von der lateinischen Bezeichnung »intrinsecus« ableiten, beiden zufolge ist eine von innen geleitete Motivation als intrinsisch zu verstehen. Aufgrund der dichotomen Anwendung des Begriffspaares ist eine extrinsische Motivation ein »von außen« angestoßenes Ereignis (vgl. Rheinberg, 2010/Etzel & Münche, 2012, S. 18). Die »tätigkeitsspezifische Verhaltensverursachung« (Rheinberg, 2010, S. 368) wird in der zweiten Theoriephase durch eine Orientierung auf das Selbst aufgegeben.

> »Die jetzige Begriffsbestimmung über das Selbst und die vorherige Bestimmung über die Tätigkeit als Bezugspunkte für innen vs. außen sind nur auf den ersten Blick deckungsgleich. So ist es zwar wahrscheinlich, dass Tätigkeiten, deren Vollzug große Freude bereitet, häufig aus eigenem Entschluss und ohne äußere Veranlassung ausgeführt werden. Dann treffen erlebte Selbstbestimmung und positive Anreize im Tätigkeitsvollzug zusammen. In diesen Fällen wäre die Motivation also nach beiden Definitionen »intrinsisch«. Mit Blick auf wichtige Folgen kann man sich aber auch hoch selbstbestimmt dazu zwingen, aversive Tätigkeiten auszuführen (…) oder hoch attraktive zu unterlassen (…). In solchen Fällen wären die Tätigkeiten je nach Definitionen entweder extrinsisch oder intrinsisch motiviert« (ebd.).

Ausgehend von dem Menschen a priori gegebenen Bedürfnissen nach Selbstbestimmung und Kompetenz wird die intrinsische Motivation als interessenbestimmte Handlung angesehen, die keiner externen Anstöße bedarf (vgl. Deci & Ryan, 1993, S. 225). Extrinsische Motivation als nicht spontane, instrumentelle Verhaltensweisen zur Erlangung einer von der Handlung zu trennenden Konsequenz (ebd.). Der Namensgebung des Theoriekonzeptes folgend, unterteilen Deci und Ryan die extrinsische Motivation in insgesamt vier Typen der Verhaltensregulation je nach Selbstbestimmungsgrad (ebd., S. 227ff.). Sie formulieren in der frühen Zeit der Theorieentwicklung die Möglichkeit, dass die intrinsische Motivation durch die extrinsische verdrängt werden kann (vgl. Deci, 1975, Deci & Ryan, 1985). Diesen »Korrumpierungseffekt« der Motivation, beschreiben Frey und Osterloh (2000) ebenfalls (als Verdrängungseffekt) und merken an, dass beide Formen der Motivation nicht als additiv anzusehen sind, sondern unter bestimmten Bedingungen negativ korrelieren (vgl. Frey & Osterloh, 2000, S. 26ff.). In der kritischen Auseinandersetzung mit den »inszenierten« psychologischen Experimenten (unter Bedingungen, die selten in der Realität anzutreffen sind) kritisiert Rheinberg die »überflüssige Gabe an Belohnungen« bei Tätigkeiten mit Interesse und zweifelt an der Validität der Ergebnisse. Ein schwacher negativer Zusammenhang sei aufzufinden, wenn Personen materiell ohne verbale Würdigung zur Aufgabenerledigung belohnt werden (vgl. Rheinberg, 2010, S. 373). Etzel und Münche kritisieren weiterhin die in jüngeren Untersuchungen durch Deci, Koestner und Ryan durchgeführten Metaanalysen zum Korrumpierungseffekt, einerseits die Operationalisierung der intrinsischen Motivation und andererseits die Form der wissenschaftlichen Argumentation. Die in den Metanalysen auftauchenden Korrumpierungseffekte (ca. 68% der Studien) seien kein verallgemeinerungswürdiger Effekt. Bei insgesamt 32% der Studien war dieser Effekt nicht zu finden (Etzel & Münche, 2012, S. 142).

»Diese 32% setzen sich wie folgt zusammen: In 6% der Studien gab es keinerlei Effekt, in 26% der Studien trat ein dem Korrumpierungseffekt entgegengesetztes Ergebnis auf, d.h. die »intrinsische« Motivation nahm zu. In einer späteren Metaanalyse wurde Deci, Koestner und Ryan vorgeworfen, dass ihre Analyse methodisch fehlerhaft und tendenziös sei (...). Zu diesen Vorwürfen gab es meines Wissens nie eine inhaltliche Stellungnahme von Deci, Koestner und Ryan« (ebd.).

Inwiefern die Argumentation wissenschaftlichen Ansprüchen genügt, konnte im Rahmen dieser Arbeit nicht nachgegangen werden. Nichtsdestotrotz schildern die Autoren interessante quellengestützte Argumentationslinien.

Demnach wird ein durch monetäre Anreize motivierter Studierender sein Studium nicht seiner Selbst willen durchführen, sondern aufgrund des finanziellen Anreizes. In jüngeren Untersuchungen ergänzen sie die Theorie durch die Möglichkeit, dass die intrinsische Motivation durch extrinsische Anreize positiv beeinflusst werden kann (ebd., S. 226).

Die dritte Theoriephase zeichnet sich durch die Ergänzung des Bedürfnisses nach der sozialen Eingebundenheit durch Deci und Ryan aus. Demnach führen extern motivierte Verhaltensregulationen über die vier Phasen der Selbstregulation zu einer später wahrgenommen Selbstbestimmung. Die zuvor vorgenommene Trennung zwischen intrinsischer und extrinsischer Motivation verliert an Nachvollziehbarkeit (vgl. Rheinberg, 2010, S. 368f.).

Neben diesen traditionellen Argumentationsketten existieren unzählige Bestimmungsversuche. So unterscheiden beispielsweise Zink und Schütt (1987) im Rahmen der Qualitätsförderung zwischen direkter und indirekter Motivation und verzichten auf die dichotome Unterscheidung »intrinsisch vs. extrinsisch«. Direkte Motivation bestimmt sich als eine unmittelbare Verhaltensbeeinflussung von außen, während die indirekte Motivation erst durch Selbstbestätigung bei der Arbeit erwächst (vgl. Zink & Schütt, 1987, S. 9); wenngleich die andersartige Bestimmung paradox erscheint.

Obwohl die historisch gewachsene Unterscheidung zwischen intrinsischer und extrinsischer Motivation heute in ihrer Nachvollziehbarkeit zweifelhaft erscheint, hat sie zur Betrachtung bestimmter Zusammenhänge im organisationalen Kontext beigetragen. Selbst Kritiker dieser Unterscheidung heben die Bedeutung der intrinsischen Motivation für Organisationen hervor, und eine ökonomische sowie pädagogische Wichtigkeit wird ihr noch heute zugesprochen (vgl. Frey & Osterloh, 2002, S. 19-40; Krapp & Ryan, 2002).

»In vielen Untersuchungen konnte nachgewiesen werden, dass die intrinsische Motivation eine wichtige Bedingung für qualitativ anspruchsvolle Formen des Lernens darstellt« (Krapp & Ryan, 2002, S. 59).

4.3 Motivationstheorien

Zur Erklärung menschlichen Verhaltens mit Bezug auf ausgeführte Arbeitstätigkeiten wird in der Psychologie und ihren Teildisziplinen auf unterschiedliche theoretische Ansätze zurückgegriffen (vgl. bspw. Staehle, 1999/Ulich, 2001). Wenngleich diese auf die motivationstheoretischen Aspekte menschlichen Handelns abzielen, fällt auf, dass sich bei genauer Betrachtung theoretische Schnittmengen bilden lassen, allerdings die Vielfalt der Erklärungsansätze kaum gleiche Teilbereiche menschlichen Verhaltens zu erklären vermögen (Campbell & Pritchard, 1976, S. 64). Je nach partizipierter Denktradition (ebd., S. 65f.) unterscheiden sich die Theorien zur Erklärung menschlichen Verhaltens und hatten in der Vergangenheit unterschiedlichen Einfluss auf die Richtungsentwicklungen der Motivationspsychologie (vgl. Lieb, 2011, S. 21). Ausgehend von organisationspsychologischen Forschungsbemühungen wurde 1970 der Versuch der Kategorisierung der Theorievielfalt unternommen (vgl. Campbell & Pritchard, 1976, S. 65), welcher sich bis heute etabliert hat und einer Vielzahl von Einführungswerken zu Grunde gelegt wird.

> »A major distinction pointed out by Campbell, Dunette, Lawler, and Weick (1970) is between *mechanical* or *process* theories and *substantive* or *content* theories« (Campbell & Pritchard, 1976, S. 65; Hervorhebungen im Original).

Diese Dichotomie hat sich in der organisations- und motivationspsychologischen Literatur etabliert und wird trotz ausführlicher Kritik (vgl. Frey, 2000) nach wie vor genutzt (vgl. Rosenstiel, 2005, S. 255-307). Die Inhaltstheorien werden (»substantive or content theories«) zur Erklärung der Beweggründe menschlichen Verhaltens herangezogen. Wie kommt es, dass Arbeitnehmer ein bestimmtes Verhalten an den Tag legen und welche Motive beeinflussen die Person hinsichtlich der zu erzielenden Befriedigung der individuellen Bedürfnisse (vgl. ebd.)? Demgegenüber fokussieren Prozesstheorien der Motivation (»mechanical or process theories«) Erklärungsvariablen, welche die Auswahl, die »Hartnäckigkeit« sowie die Ausdauer menschlichen Verhaltens begründen (vgl. ebd.). Inhaltstheoretische Ansätze sind für den Organisationsalltag durch die Möglichkeit zur Ableitung direkter Gestaltungsempfehlungen der Arbeitssituation und durch ihre Einfachheit deutlich praxisrelevanter (vgl. Nerdinger, 1995, S. 62).

Die klassische Dichotomisierung motivationspsychologischer Theorieansätze bricht in einigen Werken durch die Einführung einer dritten Kategorie auf. Die Equity-Theorie nach Adams (1965) und die Anreiz-Beitrag-Theorie nach March & Simon (1958) werden trotz ihrer inhaltlichen Nähe zu den Prozesstheorien (vgl. Schneider, 2007, S. 29) unter dem Aspekt der »Balancetheorien« (vgl. Weinert, 1998, S. 167) geführt.

Übersicht meist rezipierter Motivationstheorien[11]

Theoretischer Ansatz	Vertreter	Leitideen	Kritik
Inhaltstheorien			
Modell der Bedürfnishierarchie	Maslow (1954)	Streben der Menschen nach Befriedigung in gegenseitiger Abhängigkeit, stufenweise aufgebaute fünf Grundbedürfnisse. Motivation ergibt sich aus dem »Streben nach Bedürfnisbefriedigung«.	Keine reine Motivationstheorie (Persönlichkeitsentwicklungstheorie), unscharfe Kategorien, stufenweise Abhängigkeit, befriedigte Bedürfnisse im Endzustand motivieren nicht mehr, keine empirische Bestätigbarkeit, unpräzise Definition der höchsten Stufe.
ERG-Theorie	Alderfer (1972)	Weiterentwicklung und Minimierung der Maslowschen Bedürfnisse auf Beziehungs-, Existenz- und Wachstumsbedürfnisse, Neuordnung ohne Hierarchie, Abhängigkeit und Frustration verstärkten Bedürfnisse, auch befriedigte Bedürfnisse können motivieren.	Fehlende Breite der empirischen Basis.
Zwei-Faktoren-Theorie	Herzberg (1967)	Dichotomie der Grundbedürfnisse (Motivations- und Hygienebedürfnisse). Es gibt Arbeitsbedingungen, welche Unzufriedenheit, aber keine Zufriedenheit hervorrufen und umgekehrt. Positive Erfahrungen stehen überwiegend mit Kontentfaktoren (Leistung, Anerkennung, Arbeitsinhalt, Aufstieg) im Zusammenhang, negative eher mit geringer Zufriedenheit und Kontextfaktoren (Unternehmenspolitik und -organisation, Führung, Kollegen, Vorgesetzte). Gute Kontentfaktoren als Grundvoraussetzung für hohe Motivation durch produktive, selbstinitiierte, selbstkontrollierte und selbstverantwortliche Arbeit im Idealfall.	Methodengebundenheit (Methode der kritischen Ereignisse), Ignorierung von Situationsvariablen, Ergebnis einer zu spezifischen Fragestellung, Berufsgruppenabhängigkeit.

---

[11] (vgl. Fischer, 1989, S. 141-171/Kirchler & Rodler, 2001/Lieb, 2011, S.21-71/Nerdinger, 2001, S. 349-373/Nerdinger/Blickler & Schaper, 2008, S. 434-441/Ortlieb, 1993, S. 67-100; Rosenstiel/Molt & Rüttinger, 2005, S. 263-278/Schneider, 2007, S. 12-35/Weinert, 1998, S. 141-171).

Theorie der gelernten Bedürfnisse	McClelland & Attkinson (1965)	In der Auseinandersetzung mit der Umwelt werden Bedürfnisse kulturell erlernt. Motivation durch Belohnung richtigen Arbeitsverhaltens, ausgehend von drei Schlüsselbedürfnissen (Bedürfnis nach Leistungsmotivation, Zugehörigkeitsbedürfnis, Machtbedürfnis). Arbeitsverhalten als Produkt der Stärke von Motivation, Attraktivität (Valenz des Anreizes) und Erwartung zum Erhalt des Anreizes durch Belohnung.	
Theorie X und Theorie Y	Mc Gregor (1960)	Motivation als Ergebnis des positiven oder negativen Menschenbildes der Führung. Die Ansicht, dass Menschen verantwortungsscheu und faul sind, lassen sie im Rahmen selbsterfüllender Prophezeiung auch so werden.	Keine reine Motivationstheorie, baut auf empirische Bestätigbarkeit von Maslow auf, empirisch nicht belegbar.
Prozesstheorien			
VIE-Theorie[12]	Vroom (1964)	Basis der Prozesstheorien. Wert des Endergebnisses (Valenz) reflektiert die Stärke des individuellen Verlangens. Erwartung des Mitarbeiters auf Belohnung, bei gutem Arbeitsverhalten (Instrumentalität) und Erwartung, dass dies wahrscheinlich zu einem bestimmten Ergebnis führt. Motivation als Funktion aus der Erwartung, dass durch das Resultat seines Verhaltens ein bestimmtes Resultat erreicht werden kann und der Valenz, die dieses Endergebnis für ihn hat. Menschen streben nach Nutzenmaximierung.	Schlechte Anwendbarkeit in der betrieblichen Praxis, keine Nennung der erwartungsbeeinflussenden Faktoren.
Erwartungs- bzw. Zirkulationsmodell	Porter & Lawler (1968)	Motivation als Produkt aus der Wahrscheinlichkeit durch erhöhte Bemühungen bestimmte »valente« Ziele mit verbesserter Arbeitsleistung zu erreichen. Betrachtung der Volition. Betonung der kognitiven Elemente menschlichen Verhaltens.	Kein Einbezug der Arbeitsumwelt (fehlerhafte Materialien, Werkzeuge usw.), Komplexität erschwert empirische Bestätigbarkeit, monetäre Anreize werden auf alle Anreizformen generalisiert.
Equity-Theorie	Adams (1965)	Ständiger Vergleich der Mitarbeiter zwischen In- und Output. Motivation und Zufriedenheit als Gleichgewicht zwischen	Baut auf homogene Gerechtigkeitsverständnisse auf.

---

[12] VIE-Theorie (Valenz, Instrumentalität, Erwartung)

Motivation als Konzept des Qualitätsmanagements 61

		investiertem Input (Anstrengung) und erzieltem Output (Belohnung). Ungleichgewicht wird durch Verhaltensänderung ausgeglichen (z.b. Fluktuation, Verringerung der Arbeitsleistung, Absentismus).	
Anreiz-Beitrag-Theorie	March & Simon (1958)	Grundlage für das Konzept der Mitarbeiterbeteiligung, **Motivation** des Mitarbeiters zu hohen Leistungen, nur durch hohe adäquate Anreize. Gleichgewicht steht in der Relation zu den individuellen Bedürfnissen des Mitarbeiters. Ungleichgewicht wird durch Verminderung der Arbeitsleistung oder Erhöhung der Anreize ausgeglichen.	

Abbildung 9: Eigene Darstellung: Übersicht meist rezipierter Motivationstheorien

Die Darstellung (Abbildung 9) soll einen Überblick über die meist rezipierten Motivationstheorien liefern.

Bewusst wurde auf die ausführliche Skizzierung theoretischer Ansätze verzichtet und die wesentlichen Grundaussagen herausgearbeitet. Für die inhaltliche Erarbeitung existiert eine Fülle an Einführungswerken. Abbildung 9 soll eine Vergleichbarkeit und einen groben Überblick gewährleisten. Neuere Konzepte der Motivation, die das individuelle »Leistungsinteresse« betonen, sind in dieser Kategorisierung nicht aufgenommen. Dazu zählen das »Flow-Erleben« (vgl. Csikszentmihalyi, 1985) und, darauf aufbauend, Felix von Cubes »Naturgesetze der Führung - Lust an Leistung« (vgl. Cube, 2011).

Auffallend ist, dass die Theorien zur Erklärung von Motivation und zur Entstehung von Arbeitszufriedenheit gleichermaßen herangezogen werden. Einen ersten Versuch die unüberschaubare Vielfalt zu ordnen, unternahmen Hackman und Oldham.

»Dieses Modell faßt den amorphen Bestand früherer Forschungsergebnisse und Theoriereflexionen zusammen und liefert erstmals spezifische theoretische Aussagen solcher Präzision, daß sie einer direkten empirischen Überprüfung unterzogen werden können, ohne gegenüber möglichen Falsifikationen aufgrund von Aussageundeutlichkeiten im Modell immun zu sein. Im angelsächsischen Sprachraum hat dieser Modellvorschlag deshalb nahezu paradigmatische Bedeutung im arbeits- und organisationspsychologischen Forschungsbereich erlangt« (Schmidt und Kleinbeck & Rohmert, 1981, S. 466).

Bisherige theoretische Konzepte vermögen keine systematische Überprüfung der Arbeitszufriedenheit und der Motivation zu garantieren. Der auf dieses Modell aufbauende Job Diagnostics Survey als Instrument zur Arbeitsanalyse erfasst beide Dimensionen separat. Während das Job Characteristics Model meist den Inhaltstheorien der Motivation zugeordnet wurde, soll es im Rahmen dieser Untersuchung aufgrund der bisherigen Ausführungen als ein Synthesemodell betrachtet werden und wird dementsprechend keiner Einordnung unterzogen. In Kapitel 5 wird es ausführlich vorgestellt werden.

4.4 Zusammenhänge zwischen Motivation und Qualitätsmanagement

Organisationale Qualitätsentwicklung ist kein selbstlaufender Prozess, sondern »ein Qualitätssicherungs-System gleich welcher Art wird von Menschen gemanagt, getragen und funktionsfähig gehalten« (vgl. Masing, 1983). Qualitätsorientierte Führung, die Organisationsentwicklung durch qualitätsbezogene Leistungsbereitschaft der Mitarbeiter fördert (vgl. Ortlieb, 1993, S. 38), ist ohne die Bereitschaft der Mitarbeiter kaum denkbar. Denn

»(...) der Erfolg einer aktiven Einbeziehung der Mitarbeiter ins Qualitätsmanagement hängt wesentlich von hemmenden und fördernden Faktoren ab« (vgl. Ritter, 2001, S. 47).

Zwar kann Qualitätsmanagement die Beteiligung von Mitarbeitern im Unternehmen steigern (vgl. Schneider, 2007, S. 34f.), bleibt diese Wirkung aus, sind Fragen an die Ursachen dieses Problems zu stellen. Oftmals erreichen Unternehmen in der betrieblichen Praxis nach Zertifizierung nicht die intendierte Wirkung (vgl. Lieb, 2011, S. 1) und Qualitätsmanagementsysteme werden durch wenige Mitarbeiter im Betrieb getragen (vgl. ebd.). Qualitätsbemühungen avancieren zu einem »reinen Abarbeiten von Anforderungen (...) [als] Angelegenheit ausgewiesener Spezialisten« (Veltjens, 2009, S. 108ff.). Ungeachtet der Tatsache, dass empirische Studien zu den maßgeblichen Erfolgsfaktoren von Unternehmen die Mitarbeiterorientierung und -zufriedenheit zählen (vgl. Becker, 2005). Dabei wird die Motivation von Mitarbeitern als eines der zentralen Aufgabenfelder von Führungskräften sowohl in erfolgreichen, als auch in weniger erfolgreichen Unternehmen gesehen (ebd.). Stöber unterstreicht dies, indem er Führung als »die Durchsetzung von Herrschaft auf dem Wege der Motivierung« kennzeichnet (vgl. Stöber/Bindig & Derschka, 1974, S. 9).

Motivation als Konzept des Qualitätsmanagements

In einer Umfrage im Rahmen des Capital Panel 546[13] sehen unterschiedliche Berufsgruppen die Mitarbeitermotivation mit 59% als die wichtigste Eigenschaft einer Führungskraft an (Capital Panel Führungskräfte zitiert nach Altmann, 1989, S. 11). Nach Bosche ist aus Sicht der Gutachter gerade die Aufrechterhaltung der Qualitätsmotivation (vgl. S. 46) von Mitarbeitern über ein Jahr hinweg problembehaftet (vgl. Bosche, 2007, S. 10). Nach den Ergebnissen des Excellence Barometers 2003 fällt auf, dass 88% unmotivierten Mitarbeitern 12% motivierte Mitarbeiter in deutschen Unternehmen gegenüberstehen (vgl. Schneider, 2007, S. 1). Der Deutschen Gesellschaft für Qualität zu Folge liegen die Ursachen eines Ausbleibens der intendierten Wirkungen von Qualitätsmanagementsystemen in mangelnder Partizipation im Unternehmen und einer defizitären Motivationslage der Mitarbeiter (vgl. Neut, 2006, S. 189). Dabei folgen Qualitätsmanagement und Arbeitsmotivation einer ähnlichen Logik in Hinblick auf unternehmerische Erfolgsfaktoren.

> »Der Begriff der Arbeitsmotivation bezieht sich zwar nur auf die grundsätzliche Funktion und die Grundlage der Leistungserbringung, ihr Ziel ist aber ebenfalls die Qualität des Arbeitsergebnisses. Die Systematik hinter beiden Begriffen ist also dieselbe« (Schneider, 2007, S. 47).

Darauf aufbauend wird ein Überblick über den Forschungsstand der Zusammenhänge zwischen Qualitätsmanagement und Motivation erarbeitet. Daran schließt sich eine separate Betrachtung mit Blick auf die Weiterbildungslandschaft an (Kapitel 4.5).

Ausgehend von den »Errungenschaften« der Human-Relations-Bewegung rückt der »Faktor Mensch« in den Vordergrund. Zahlreiche Untersuchungen beschäftigten sich mit der Funktion der Leistungserbringung und untersuchten mögliche positive »illusionäre Korrelationen« (vgl. Mertel, 2006, S. 32) zwischen Arbeitsmotivation und Leistung (vgl. Meier, 1997, S. 139/Mertel, 2006. S. 32f.). Während die hervorgebrachten Ergebnisse umstritten sind und keine klare Zuweisungen (ebd., S. 98) zulassen, wird die menschliche Leistung durch eine Vielzahl von Faktoren bestimmt (ebd. S. 9). Für immer mehr Unternehmen rückt daher der Begriff der Leistungsbereitschaft in den Vordergrund der Betrachtung (Osterloh & Frost, 2002, S. 47), die eine der wesentlichen Determinanten der Leistung in der Psychologie darstellt (vgl. Rosenstiel, 2003, S. 100/ Hucklenbroich, 1993). Dies bürgt für Organisationen den Vorteil, dass sich unter ökonomischen Gesichtspunkten (durch die Abstimmung individueller Ziele der Mitarbeiter mit den kollektiven Organisationszielen) eine Gewinnmaximierung

---

[13] Der VDI Verlag führt in regelmäßigen Abständen Studien im Rahmen des Venture Capital Panel durch

erreichen ließe (vgl. Jost, 2000, S. 11/Schneider, 2007, S. 67f.). Aus dieser Sicht bedingt organisationale Leistungsfähigkeit die Einbindung aller Mitarbeiter in einem Unternehmen (Ortlieb, 1993, S. 27) und findet direkten Niederschlag in der erzielten Arbeitsqualität. Motivanregungen (auf den Mitarbeiter bezogen) sind in der Durchführung und den Ergebnissen der Arbeit zu suchen (Schneider, 2007, S. 48). Alle Mitarbeiter einer Organisation interagieren miteinander, um ihre individuellen und die kollektiven Ziele der Organisation zu verwirklichen; die Organisation dient als Instrument der individuellen Zielerreichung (vgl. ebd.). Rosenstiel fast den Begriff der Motivierung weiter, indem er neben der Motivierung aus dem Ich, der Führung und der Arbeitsaufgabe auch die Motivierung aus der Gruppe, der Organisation und der Gesellschaft formuliert (vgl. Rosenstiel, 2003). Motivierung nimmt für die Führung einen besonderen Stellenwert ein, da sie als Steuerungsinstrument die Fertigkeiten und Fähigkeiten eines Mitarbeiters mit den Organisationszielen (in Form von entsprechenden Leistungsbeiträgen des Mitarbeiters) abzustimmen hat (Ortlieb, 1993, S. 31/Brommer, 1999, S. 100) und den Unternehmenserfolg beeinflusst (vgl. Benes & Vossebein, 1998, S. 4). Nach Schreyögg ist dies als eines der fünf »generischen Probleme« von besonderer Wichtigkeit für die Organisationsgestaltung (vgl. Schreyögg, 2003). Die Abstimmung unter qualitätsorientierten Gesichtspunkten individuellen Handelns wird als »Qualitätsmotivation« bezeichnet (vgl. Crostack et al., 1997). Qualitätsmotivation hängt ebenfalls von wesentlichen hemmenden und fördernden Faktoren ab, die sowohl in der Person, als auch in der Arbeitssituation zu finden sind (ebd.). Qualitätsmanagementsysteme, in der soziotechnischen Systembetrachtung, obliegen einer personenorientierten Sichtweise, die zu den wesentlichen Erfolgsfaktoren eines Qualitätsmanagementsystems zählen (vgl. Jander, 2013).

Empirische Untersuchungen, die sich der Ausrichtung des Qualitätsgedankens in Orientierung an den Mitarbeiter widmen, finden sich in der betriebswirtschaftlichen und psychologischen Literatur kaum. Werden Aussagen zur Komponente Mitarbeitermotivation getroffen, tangieren sie indirekt Qualitätsbemühungen und orientieren sich vielzählig an Begriffen wie Mitarbeiterleistung. Weitere Studien, welche sich indirekt diesem Zusammenhang widmen, nehmen die Motivationsthematik hinsichtlich des Führungsverhaltens in den Blick (Altmann, 1990/ Rosenstiel, 2003/Schneider, 2007). So stellen beispielsweise Benes et al. verschiedene Korrelationen dar, welche den Einfluss von Qualitätspolitik und Führungsverhalten auf verhaltenssteuernde Mitarbeitermerkmale beschreiben.

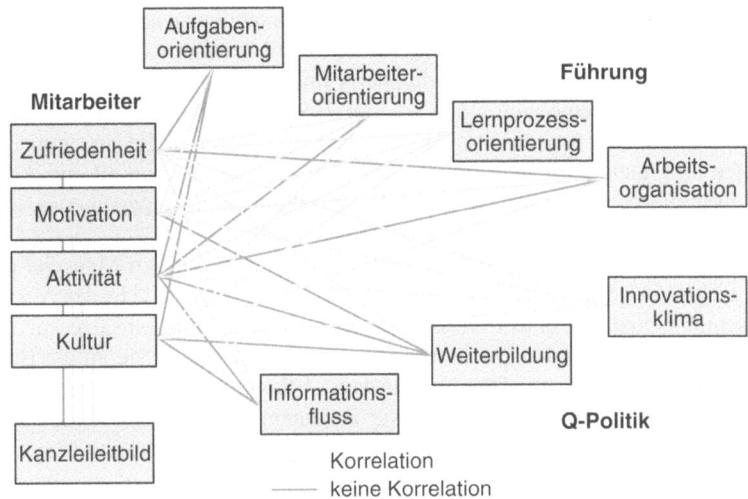

Abbildung 10: Einfluss Führung und Qualitätspolitik auf Mitarbeitermerkmale
Aus: Benes et al., 2001, S. 1527

Wenige Arbeiten widmen sich der direkten Implementierung motivationstheoretischer Erkenntnisse in Qualitätsmanagementsystemen (Ortlieb, 1993/Lieb, 2011). Diese fokussieren vordergründig die bevorzugt implementierten Qualitätsmanagementmodelle (z.b. DIN EN ISO) oder adressieren aufgrund der inhaltlichen Nähe (Konzepte der Mitarbeiterorientierung) ganzheitliche Managementsysteme (vgl. Ulich, 2001, S. 19) wie das Total Quality Management. In umfassenden Standardwerken nimmt der Aspekt der Mitarbeitermotivation einen untergeordneten Platz ein und bildet einen Teilaspekt umfassender Auseinandersetzungen. Das Handbuch Qualitätsmanagement weist bspw. einen Überblicksartikel aus (vgl. Korsmeier, 2007). Die Texte beschränken sich meist auf die Darstellung verschiedener Instrumente zur Motivation von Mitarbeitern (ebd.). Wenige übertragen sie mit starkem Organisationsbezug ins Qualitätsmanagement (vgl. Hansen & Kamiske, 2001). Praxisbeispiele, die eine konkrete Umsetzung in Qualitätsmanagentsysteme durch arbeitsstrukturierende Hilfsmittel und deren Evaluation empfehlen, fehlen fast gänzlich. Sind diese zu finden, werden Motivationsinstrumente der Führung beschrieben und die Übertragung auf das dichotome Motivationskonzept (intrinsisch / extrinsisch) sowie die Gestaltung denkbarer Anreizstrukturen obliegt dem Leser.

Dieser Umstand vermag u.a. der jungen Forschungsgeschichte geschuldet sein. Betrachtet man die Tatsache, dass ein Großteil der motivationstheoretischen Arbeiten sich ab Mitte des 20. Jahrhunderts finden lassen, und die ersten Qualitätsmanagementsysteme sich erst Ende der 1990er Jahre etablierten, überrascht der Umstand nicht. Gepaart mit einer unüberschaubaren Fülle an empirischen Arbeiten und uneinheitlichen Ergebnissen wird die Übertragbarkeit und Anwendung zusätzlich erschwert. Zumal mit den ganzheitlichen Managementsystemen humanzentrierte Sichtweisen in die Forschung einflossen.

Einen weiteren Versuch mit konkretem Bezug zum »Faktor Mensch« unternahm bereits in den 1970er Jahren Joseph Moses Juran (1974). In der Ausarbeitung seines »Quality Control Handbook« leitet er Gestaltungsansätze zur Realisierung einer umfassenden Qualitätsmotivierung ab und lehnt sie an die Bedürfnishierarchie Maslows an. Obwohl Maslows Erkenntnisse bis heute empirisch nicht belegt werden konnten, haben sie zu einem wesentlichen Umdenken in Arbeitssituationen geführt. Sie werden in Abbildung 11 durch eine Gegenüberstellung skizziert.

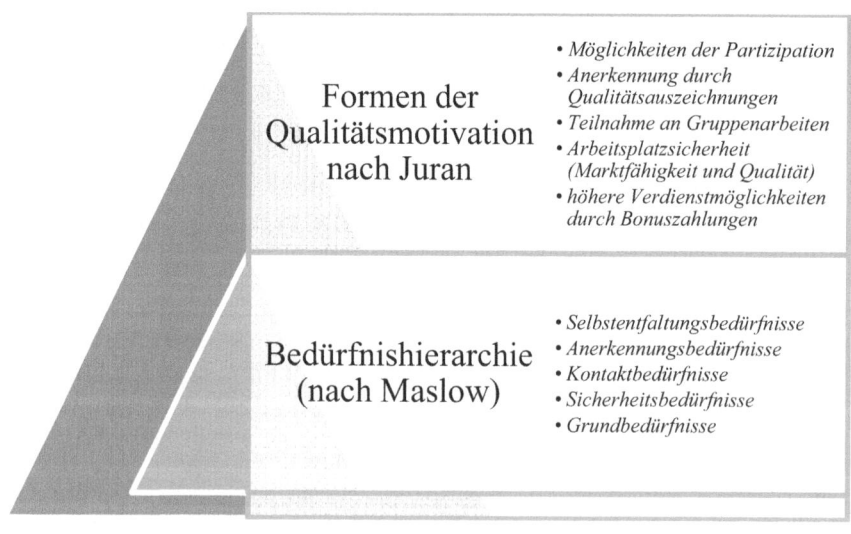

Abbildung 11: Eigene Darstellung: Formen der Qualitätsmotivation in Anlehnung an Juran, 1979, 18-16

Betrachtet man die Ausführungen unterschiedlicher Motivationstheorien fällt auf, dass entgegen einer grundlegenden Nichtübereinstimmung des hierarchischen Aufbaus der Bedürfnisse, die möglichen Motivationsformen nicht an Aktualität verloren haben.

4.5 Qualitätsmanagement und Motivation in der Weiterbildung

Ebenso wie Wirtschaftsunternehmen unterliegen Bildungsorganisationen weitreichenden Veränderungen (siehe 2.3), die eine permanente Weiterentwicklung der Arbeitsabläufe und aller anderen betrieblichen Prozesse (vgl. Geißler, 2009, S. 120) bedingen. Organisationale Zusammenhänge waren für die Erziehungswissenschaft bereits in der Vergangenheit Teil der Auseinandersetzung um die Gestaltung der pädagogischen Praxis (ebd.). Neben der Notwendigkeit spontanflexiblen Agierens, ist pädagogisches Handeln kein spontanes Handeln, sondern geschieht in organisierter Form (vgl. Merchel, 2010, S. 7). Um den Umweltveränderungen gerecht zu werden und »am Markt bestehen« zu können, obliegt es den Leitungsebenen unter Effizienzgesichtspunkten struktur- und personenorientierte Beeinflussungsgesichtspunkte mit den Organisationszielen in Einklang zu bringen, und ökonomischen Ertrag zu erwirtschaften. Staatliche Steuerungsmechanismen zur Mittelvergabe zwingen Organisationen im pädagogischen Feld Qualitätsmanagementsysteme zu implementieren. Das Beispiel der LQW zeigt eine eindeutige Orientierung am Lerner, der als maßgeblicher Mitgestalter pädagogischer Qualität angesehen wird. Wie bei jedem Qualitätsmanagementsystem ergeben sich mit der LQW tiefgreifende Veränderungen in der Organisationsgestaltung, die motivierend auf den Mitarbeiter einwirken können, eine explizite Berücksichtigung motivationspsychologischer Erkenntnisse bleibt aus. Diesen Umstand führt Wegner auf die verhaltenswissenschaftlichen Erkenntnisse und Veränderungen ausgehend vom Behaviorismus zurück.

> »Eine gewisse Reserviertheit der Erziehungswissenschaft gegenüber der Psychologie ist wahrscheinlich Nachwirkung der verständlichen Reaktion auf den Anspruch des Behaviorismus in der Skinnerschen Variante, nicht nur Motivations- und Lernprozesse in Erziehung und Unterricht adäquat beschreiben und wunschgemäß zu steuern, sondern damit auch jegliches weitere Nachdenken über diese Prozesse überflüssig machen zu können« (Wegner, 1996, S. 23f.).

Auf der anderen Seite werden Qualitätsmanagementsysteme nicht explizit als auf den Mitarbeiter gerichtete Verfahren verstanden.

»(…) bei einem QM-System, also auch bei unserem, geht es natürlich in erster Linie um ein Verfahren zur Verbesserung organisationaler Qualität, deshalb machen wir auch keine expliziten Aussagen zur Motivation von Mitarbeitenden (…)« (Zech, Rainer, »AW: Masterthesis LQW«, serv. zech@artset.de 03.04.2013).

Oftmals wird außer Acht gelassen, dass Bildungsbemühungen eines Subjektes intensiver und ausdauernder gestaltet werden können, wenn sie intrinsisch motiviert sind und der Weg interessierter motivierter Lerner über das Interesse der Lehrenden führt (vgl. Wegner, 1996, S. 24ff.). Lern- und Lehrmotivation bedingen sich gegenseitig (vgl. Kapitel 3.2.2). Die Lehrmotivation der Lehrenden wird durch organisationale Ermöglichungsbedingungen bestimmt (vgl. Kapitel 3.2.2), die in den Merkmalen zur Arbeitsplatzgestaltung nach dem Job Characteristics Model ihren Niederschlag finden (Stegmüller, 2012, S. 110 f.). Demnach ist organisationale Qualitätsverbesserung in pädagogischen Einrichtungen maßgeblich durch motivationspsychologische Erkenntnisse beeinflussbar.

Die wenigen empirischen Arbeiten, die sich der Thematik widmen, untersuchen die Einflussmöglichkeiten auf die Mitarbeiterzufriedenheit und -motivation (vgl. Ellinger, 2007) oder heben die Wichtigkeit organisationspsychologischer Erkenntnisse hervor (Kil, 2005/Kil 2006). Sie orientieren sich an den durch das Job Characteristics Model erarbeiteten Kerndimensionen.

Während die durch die »Schriftenreihe für kritische Sozialforschung und Bildungsarbeit« publizierten Evaluationsergebnisse zum LQW-Modell die Erhöhung der Mitarbeiterorientierung und -zufriedenheit feststellen (vgl. Zech & Braucks, 2004, S. 23), können andere empirische Arbeiten die Ergebnisse kaum zufriedenstellend replizieren (vgl. Schütt, 2006). Eine systematische Überprüfung der LQW hinsichtlich der Adressierung motivationspsychologischer Erkenntnisse liegt bisher nicht vor.

4.6 Fazit Motivation und Qualität

Qualitätsmotivation (siehe Kapitel 4.4) hängt von wesentlichen förderlichen und hemmenden Faktoren ab. Motivationstheorien bilden einen Teil der Faktoren ab und es kann nicht von vollständiger theoretischer Erklärungskraft ausgegangen werden. Die konzeptionelle Bandbreite der Ergebnisse ist durch Uneinigkeit, Unübersichtlichkeit und fehlender empirischer Bestätigung ausgezeichnet. Diese werden sowohl zur Erklärung der Arbeitszufriedenheit, als auch der Motivation herangezogen; eine systematische Überprüfung beider Konzepte ist der Ausnahmefall. Für die unternehmerische Praxis hat sich das Konzept der intrinsischen Motivation bewährt, das durch seine Einfachheit den fehlenden unternehmerischen Erfolg für Organisationen im Wirtschafts- und Erziehungssystem (für qualitätsverbesserde Maßnahmen) greifbar werden lässt. Der sozio-technischen Systemgestaltung folgend, können Qualitätsmanagementsysteme durch technische und soziale Teilkomponenten erklärt werden. Innerhalb der sozialen Komponente bietet das Konzept der Motivation einen Ansatzpunkt einer zunehmend geforderten stärkeren Berücksichtigung personeller Faktoren. Die motivationstheoretische Untersuchung der LQW bedarf eines Instruments, das die Überprüfung personeller Faktoren im Qualitätsmanagement, durch die systematische Erhebung der Arbeitszufriedenheit und -motivation (eine Unterscheidung der Begrifflichkeiten wurde in Kapitel 4.1 geleistet), erlaubt und zugleich konkrete Gestaltungsmaßnahmen der Arbeit eröffnet.

5 Der Job Diagnostics Survey (JDS)[14]

Ausgehend von den motivationstheoretischen Erarbeitungen im vorherigen Kapitel wird an dieser Stelle das Job Characteristics Model in seiner historischen Entstehung betrachtet, die zunehmend den Menschen in seiner Wichtigkeit für ein Unternehmen erkennt. Der theoretische Aufbau des Modells und das sich daraus ableitende Analyseverfahren bilden die Grundlage des Verständnisses der deduktiven Kategorienbildung der empirischen Untersuchung.

5.1 Historischer Hintergrund

Organisationsverständnisse und die damit verbundenen Annahmen über den Menschen sowie deren Verhalten in Organisationen, unterliegen weitreichenden Veränderungen im Spiegel historischer Entwicklungen. Mit Blick auf das Arbeitsverhalten und der Gestaltung von Arbeitsprozessen liegt der historische Ausgang der Untersuchung in der wissenschaftlichen Betriebsführung nach Frederick Winslow Taylor. Taylor sieht die Optimierung von Arbeitsabläufen in einer Selektion von Einzelprozessen, die menschliches Arbeiten in Organisationen instrumentalisiert. Anhand wissenschaftlicher Kriterien werden Arbeitsprozesse in kleinste Einheiten zerlegt, welche die optimale Fertigung gewährleisten. Die Arbeitsanalyse dient hier als Grundlage der wissenschaftlichen Betriebsführung (vgl. Schüpbach, 1995). Dabei ist der Mensch im Wesentlichen durch monetäre Anreize zu motivieren, handelt zweckrational und ist frei von der Bereitschaft zur Verantwortungsübernahme. Das Streben nach größtmöglichem ökonomischen Erfolg und Nutzenmaximierung führt zur paradigmatischen Namensgebung des Menschen als »homo oeconomicus« (vgl. Kirchler, 2004, S. 22ff.). Im Anschluss daran wird der Mensch, ausgehend von den Hawthorne Studien, als »social man« definiert, welcher geleitet von seinen sozialen Bedürfnissen nach Bedürfnisbefriedigung strebt. Die Wissenschaft richtet ihre Forschungsbemühungen an sozialen Faktoren eines Unternehmens aus (ebd., S. 56ff.). In der Zeit des »self-actualizing man« rücken zunehmend Faktoren der intrinsischen

---

[14] Anzufordern über http://www.baua.de/de/Informationen-fuer-die-Praxis/Handlungshilfen-und-Praxisbeispiele/Toolbox/Verfahren/JDS.html

Motivation in den Vordergrund und Arbeitnehmer streben nach Selbstverwirklichung am Arbeitsplatz (ebd. S. 90ff). In der heutigen Sicht werden zunehmend einfache Ansichten über den Menschen aufgegeben, er wird in seiner gänzlichen Komplexität in Abhängigkeit von unterschiedlichen Faktoren betrachtet. Ausgehend von dieser Entwicklung, gewinnen Arbeitsanalyseverfahren zur Gestaltung einer humaneren Arbeit[15] an Bedeutung und die Relevanz des »menschlichen Faktors« nimmt zu.

Die Instrumente zeichnen sich dadurch aus, dass sie Daten über Arbeitstätigkeiten, ihren Bedingungen und Folgen sammeln, verarbeiten und interpretieren (vgl. Rosenstiel /Molt & Rüttinger, 2005, S. 71/Nerdinger/Blickle & Schaper, 2008, S. 354). Die unterschiedlichen Konzepte der Analyse von Arbeitstätigkeiten stehen im Zusammenhang mit den verfolgten Intentionen und Menschenbildern (vgl. Ulich, 1998, S. 59). Ausgang einer Arbeitsplatzgestaltung ist die Bewertung von Arbeit. Sie wird durch Kriterien der Spezifika einer humaneren Arbeit sowie dem Konzept der Arbeitszufriedenheit vorgenommen (ebd. S. 47). Wegweisend sind Bemühungen die Arbeitsbedingungen und -organisation zu verbessern, Arbeitstätigkeiten zu vergleichen und praxisrelevante Folgerungen u.a. für Personalentwicklungsmaßnahmen daraus abzuleiten (vgl. Rosenstiel /Molt & Rüttinger, 2005, S. 77ff.).

5.2 Theoretische Grundlegung

Eines der populärsten Modelle der Arbeitsanalyseverfahren zur Arbeitsplatzgestaltung ist das sogenannte »Job Characteristics Model« nach Hackman und Oldham, das im angloamerikanischen Raum besondere Verbreitung gefunden hat (vgl. Schmidt & Kleinbeck, 1999, S. 205/Ulich, 1998, S. 99). Entwickelt wurde es in den Jahren 1974 und 1975 unter der Prämisse, dass die Mitarbeitermotivation sowie eine Leistungsförderung im Wesentlichen von der Arbeitsgestaltung und -strukturierung abhängig ist (vgl. Lieb, 2011, S. 57). Ausgangspunkt waren Erkenntnisse aus unterschiedlichen Untersuchungen der motivationsfördernden Wirkung des Arbeitsinhalts, die Hackman und Oldham zu einer Theorie der intrinsischen Arbeitsmotivation verdichtet und ausgebaut haben (vgl. Ortlieb, 1993, S. 69). Dazu zählen, neben traditionellen Organisationstheorien und Erkenntnissen, die »activation theory« nach Scott (1966) und »Errungenschaften« der 2-Faktoren-Theorie nach Herzberg (1966, 1976). Weitere verarbeitete Erkenntnisse entstammen der Job Characteristics Theorie, welche im Jahre 1971

---

[15] »Humanere Arbeit ist ausführbare, schädigungslose und beeinträchtigungslose Arbeit sowie persönlichkeitsfördernde Arbeit«(vgl. Kirchler & Hölzl, 2002, S. 50).

von Hackman und Lawler erarbeitet wurde und (ähnlich der Ausführungen von Herzberg) eine Theorie der individuellen Motivation darstellt. Die Nähe zu Herzberg ist u.a. daran ersichtlich, dass das Job Characteristics Model als »job enrichment[16]-Variante« angesehen werden kann. Daraus folgt, dass es durch die inhaltliche Nähe zur 2-Faktoren-Theorie unter die Kategorie motivationaler Inhaltstheorien (siehe Kapitel 4.3) gezählt wird, wenngleich eine Kombination aus Inhalts- und Prozesstheorien auffällt, die in der Untersuchung motivierender Wirkungen bestimmter Aspekte der Arbeitsaufgabe sowie der Beschreibung prozessualer Wirkzusammenhänge gesehen werden kann (vgl. Schneider, 2007, S. 102).

Ein weiterer Einfluss geht auf die Ergebnisse der sozio-technischen Systemgestaltung zurück, die verdeutlicht, dass neben einem technischen Teilsystem ein soziales, menschliches Teilsystem besteht (vgl. Hackman & Oldham, 1980).

Zusammenfassend stellen Hackman und Oldham fest, dass Mitarbeiter in einem Unternehmen nach den traditionellen Auffassungen standardisierten Arbeitsaufgaben nachgehen und effektiv sowie produktiv erledigen können. Ausgehend von den verhaltenswissenschaftlichen Erarbeitungen nehmen sie an, dass die Arbeitsergebnisse effektiver und produktiver bei zunehmender Komplexität, Veränderung und einem höheren Bedeutungsgehalt sind. Bedürfnisorientierte Unterschiede der Mitarbeiter sind durch eine Unterscheidung zwischen Individuen und Gruppen berücksichtigt.

Weiterhin formulieren sie die Notwendigkeit einer Datensammlung im Sinne eines Arbeitsanalyseverfahrens (vgl. ebd., S. 66f.). Edgar H. Schein geht einen Schritt weiter und bezeichnet die Anreicherung der individuellen Arbeitstätigkeit durch Arbeitsplatzgestaltung als »(...) one of the most significant ways to develop organizations (...)« (ebd., VII).

Wie kann ein Arbeitsplatz gestaltet werden, damit Arbeitnehmer ihn als sich lohnend und bedürfnisbefriedigend empfinden und ihre Arbeit gut ausführen? Aus dieser Frage heraus begründet sich das Job Characteristics Model (Abbildung 12). Dabei handelt es sich um eine ausführlichere Darstellung des JCM (Job Characteristics Model), die alle Einflussfaktoren der intrinsischen Arbeitsmotivation zusammenfasst. Während Hackman und Oldham die Grafik in Abhängigkeit zu ihrer Modellentwicklung anpassen, soll hier die Theorie induktiv erschlossen und nachfolgend weiter ausgeführt werden:

---

[16] Strategische, vertikale Arbeitsstrukturierung zur Erweiterung des Handlungsspielraumes im Sinne erhöhter Arbeitsumfänge und eines erhöhten Anforderungsniveau, qualitative Arbeitsplatzanreicherung

Der Job Diagnostics Survey (JDS)

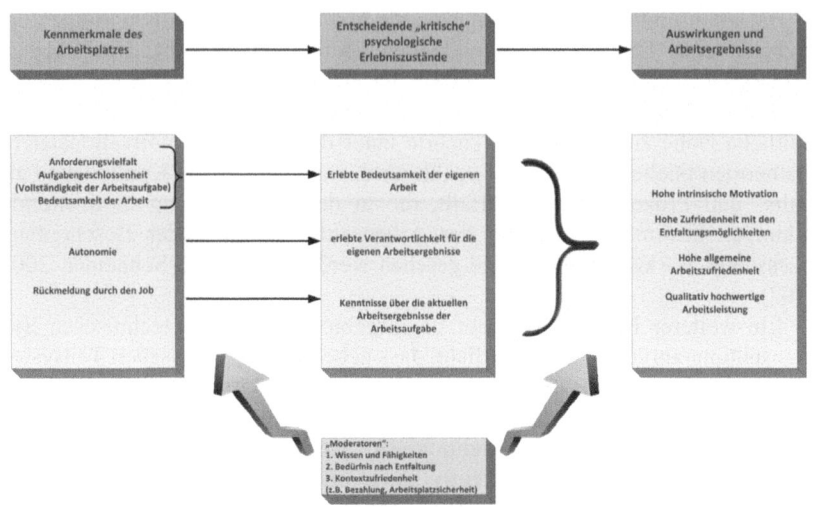

Abbildung 12: Eigene Darstellung: Job Characteristics Model in Anlehnung an Hackman & Oldham, 1980, S. 90

Den Zustand des guten Ausführens der Arbeit, sich ergebend aus einer optimalen Passung zwischen der Arbeit und personellen Gesichtspunkten, fassen Hackman und Oldham als einen Outcome, der von drei kritischen psychologischen Zuständen abhängig ist. Liegt ein Wissen über die Arbeitsergebnisse (»knowledge of actual results of the work activities«), eine erlebte Verantwortlichkeit für die Arbeitsergebnisse (»responsibility for outcomes of the work«) sowie eine erlebte Bedeutsamkeit der Arbeitstätigkeit (»experienced meaningfulness of the work«) vor, resultiert daraus der erwartete Outcome einer hohen intrinsischen Motivation (»high internal work motivation«). Das Ausbleiben einer der drei kritischen psychologischen Zustände führt zu einem »Totalausfall der intrinsischen Motivation« (ebd., S. 71-74).

> »One of your authors, like many college teachers, finds that his day is made or broken by how well the morning lecture goes. The task is meaningful to him (…), he feels that the quality of the lecture is *his* responsibility (…), and his knowledge of results is direct and unambigous (…): So all three of the psychological states are present in the lecturing task, and internal motivation to do well is very high indeed (…) If, for example, he did not experience the task as meaningful - perhaps because he did not believe in the lecture as a teaching device, or because he was so good at it

Der Job Diagnostics Survey (JDS)

(or so poor) that it was not a challenge - then the results would not matter so much (...)« (ebd., S. 73f. *Hervorhebungen im Original*).

Die drei »psychological states« sind für Hackman und Oldham Variablen mit latentem Charakter, welche weder direkt messbar noch beeinflussbar sind. Die psychologischen Zustände operationalisieren sie daher weiter in fünf Aufgabendimensionen (»core job dimensions«), welche den jeweiligen psychologischen Zuständen zugeordnet werden können (ebd., S. 77ff.).

- die Anforderungsvielfalt (»*skill variety*«)
- die Ganzheitlichkeit der Aufgabe (»*task identity*«)
- die Bedeutsamkeit der Aufgabe (»*task significance*«)
- die Autonomie (»*autonomy*«)
- und die Rückmeldung über die Aufgabe (»*job feedback*«)

Den fünf Aufgabendimensionen zur Erklärung der kritischen psychologischen Zustände wird direkter Einfluss auf die Höhe der intrinsischen Motivation, der Arbeitszufriedenheit und Arbeitsqualität beigemessen (Hackman & Oldham, 1976, 1980/Rosenstiel/Molt & Rüttinger, 2005, S. 104). Einen gemeinsamen Einfluss der »core job dimensions« auf die intrinsische Motivation drücken die Autoren im MPS (»Motivating Potential Score«) aus (Abbildung 13).

$$\text{Motivating Potential Score (MPS)} = \left\{ \frac{\text{Skill variety} + \text{Task identity} + \text{Task significance}}{3} \right\} \times \text{Autonomy} \times \text{Feedback}$$

Abbildung 13: Eigene Darstellung: Berechnung des MPS in Anlehnung an Hackman & Oldham, 1980, S. 81

Aus der faktoriellen Verknüpfung ist ersichtlich, dass ein Arbeitsplatz, dem ein hoher Punktwert zugeschrieben wird, ebenfalls hohe Einzelwerte hinsichtlich der Aufgabendimensionen aufweisen muss. Eine niedrige Punktzahl, in einem der einzelnen Faktoren, reduziert den kompletten MPS. Dies bietet den Vorteil, dass ein niedriger Punktwert einer der Faktoren durch hohe Punktzahlen der weiteren Faktoren ausgeglichen werden kann.

Betrachtet man die Tatsache, dass das Diagnoseinstrument zur Darstellung des Motivationspotenzials, welches im nachfolgenden Kapitel ausführlich vorgestellt wird, Antwortmöglichkeiten in Form einer 7-stufigen Skala für jedes Item anbietet, lässt sich die insgesamt zu erreichende Punktzahl auf 343 (7^3) beziffern. Ausgehend von umfangreichen Testungen über 876 Arbeitsplätze und 56 unterschiedliche Organisationen (ebd. S. 104), war der bisher niedrigste, aufgetretene Wert 7 und der höchste über 300. Der branchenunabhängige Wert für amerikanische Arbeitsplätze liegt bei 128 (ebd., S. 81f.).

Bei der Betrachtung des Modells fällt auf, dass weitere Einflussfaktoren nicht erläutert worden sind. Hackman und Oldham beschreiben hier die Berücksichtigung der individuellen Wissensbestände und Fähigkeiten eines Mitarbeiters (»knowledge and skill«), die Zufriedenheit mit dem Arbeitsumfeld (»context satisfaction«) sowie das Bedürfnis nach Wachstum. Mitarbeitern mit einem starken Wachstumsbedürfnis wird eine stärkere Reaktion (und Bewertung) bei Veränderungen in den fünf Aufgabendimensionen, gegenüber solchen mit einem schwachen Wachstumsbedürfnis, attestiert. Betrachtet man die »context satisfaction« fällt auf, dass die Autoren Arbeitszufriedenheit und Motivation jeweils in die Bewertung einer motivationsfördernden Arbeit hinzunehmen. Mitarbeiter, welche mit der Bezahlung, der Arbeitsplatzsicherheit, ihren Kollegen und Vorarbeitern zufrieden sind, wird eine bessere Reaktion auf Arbeitsplatzveränderungen zugeschrieben. Eine inhaltliche Nähe zu den Bedürfnisklassifikationen nach Maslow ist auffallend. Der stärkste Zusammenhang liegt zwischen dem MPS und den erwarteten Outcomes (Effektivität der Arbeit, hohe Befriedigung des Wachstumsbedürfnisses, hohe Arbeitszufriedenheit und hohe intrinsische Arbeitsmotivation) bei den Mitarbeitern, welche ein hohes Wachstumsbedürfnis und gleichzeitig hohe Arbeitszufriedenheit zeigen (ebd., S. 82-95). Die Verfasser merken an, dass arbeitsstrukturierende Maßnahmen in Form von Veränderungen weitreichenden Vorüberprüfungen unterliegen müssen, die sie in 6 Fragen zusammenfassen (Abbildung 14).

Bei negativer Beantwortung einer dieser Fragen, sollte die Notwendigkeit des »work redesign« überdacht werden. In Folge dessen könnten wesentlich weniger Gestaltungsmaßnahmen die anvisierten Ziele verfehlen (ebd.).

Der Job Diagnostics Survey (JDS)

Assessing the need for work design
1. Is there a problem or an exploitable opportunity?
2. Does the problem or opportunity centrally involve employee motivation, satisfaction, or work effectiveness?
3. Might the design of work be responsible for the observed problems?
4. What aspects of the job most need improvement?

Determining the feasibility of work redesign
1. How ready are the employees for change?
2. How hospitable are organizational systems to needed changes?

Abbildung 14: Eigene Darstellung: Entscheidungshilfen zur Arbeitsplatzgestaltung nach Hackman & Oldham, 1980, S. 128

Bei Erfüllung der Grundvoraussetzungen, sind nachfolgende Gestaltungsprinzipien (Abbildung 15) zur Vergrößerung des »Anregungsgehalts der Arbeitsinhalte« (vgl. Ortlieb, 1993, S. 72) dienlich:

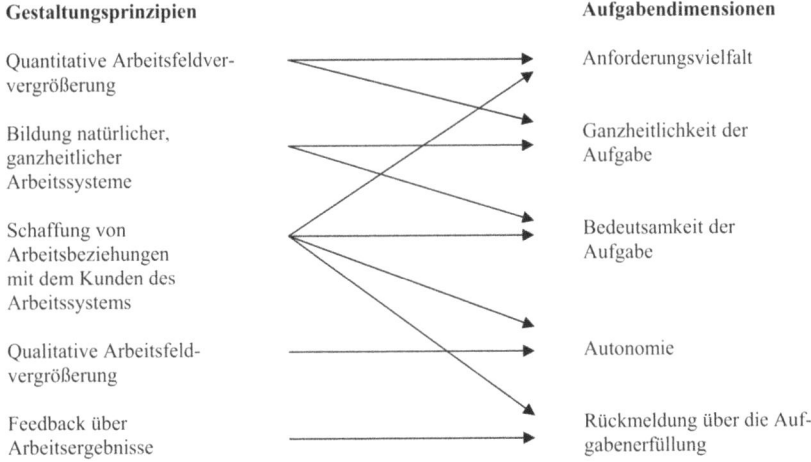

Abbildung 15: Gestaltungsprinzipien der Aufgabengestaltung Aus: Rosenstiel/Molt & Rüttinger, 2005, S. 105

Die Entscheidung für die Aufgabengestaltung wird aufgrund einer umfangreichen individuellen Evaluation der Arbeitsplätze der Mitarbeiter getroffen. Dafür bedarf es eines Instrumentes, was im Stande ist über verschiedene Methoden hinweg die unterschiedlichen Ausprägungen des JCM zu erfassen und alle Hierarchieebenen zu adressieren. Ein solches Instrument stellt der sogenannte Job Diagnostic Survey dar.

5.3 Aufbau des Arbeitsanalyseverfahrens

Der JDS ist ein subjektives und standardisiertes Erhebungsinstrument zur Diagnose bedeutsamer Aufgaben- und Tätigkeitsmerkmale sowie deren Wirkung und Bewertung daran ansetzender Arbeitsgestaltungsmaßnahmen zur Veränderung dieser Merkmale (vgl. Schmidt & Kleinbeck, 1999, S. 205). Die Operationalisierung in Form verschiedener Items »zielt darauf ab, alle Variablen des »Job Characteristics Models« einer Messung zugänglich zu machen« (ebd., S. 209). Die subjektiven Wahrnehmungen der Stelleninhaber bilden die Grundlage der »Realität« der Aufgaben- und Tätigkeitsmerkmale. Dies bietet den Vorteil, dass nicht alle extern erhobenen objektiven Merkmale von subjektiver Bedeutsamkeit sind (ebd. S. 209f.).

Zur Bewertung dieser Bedeutsamkeit gliedert sich der JDS in sieben Teilabschnitte mit insgesamt 83 Items. Jede verarbeitete Variable wird in zwei unterschiedlichen Sektionen durch mehrere Items repräsentiert. Zur Beantwortung der Items stehen den Befragten eine 7-stufige Likert-Skala (bzw. 5-stufig) in verschriftlichter und vereinfachter, grafisch dargestellter Form zur Verfügung. Über diese Items werden alle fünf Aufgabendimensionen abgebildet. Diese werden durch zwei weitere Dimensionen ergänzt, die nach Hackman und Oldham den Outcome weiterhin positiv beeinflussen können. Neben dem direkten Feedback der Vorgesetzten (»Feedback from Agents«) zählt hierzu die Zufriedenheit im Umgang mit den Arbeitskollegen (»Dealing with Others«). Die Aufgabendimensionen werden in den Teilbereichen 1 und 2 des JDS erhoben. Teilbereich 2 beinhaltet insgesamt zwei Items zu jeder der fünf »core job dimensions«, eines jeweils in negativer Form der Frageformulierung zu Überprüfungszwecken (vgl. Hackman & Oldham, 1974, 1978). Die Items werden in Form bestimmter Aussagen präsentiert, die der Befragte anhand der Likertskala hinsichtlich seiner Richtigkeit zu bewerten hat.

Die kritischen psychologischen Zustände sind in den Teilbereichen 3 und 5 zu finden. Im Teilbereich 3 werden die Befragten aufgefordert bestimmte Aussagen über ihre Arbeitserfahrungen eher abzulehnen oder diesen zuzustimmen. Der Teilbereich 5 beinhaltet ein »zirkuläres Frageformat«, nachdem verschiedene

Aussagen zu bewerten sind, die sich auf das Hineinversetzen in andere Arbeitnehmer mit gleicher Stellenaufgabe beziehen. Insgesamt sechs Items beziehen sich auf die erlebte Bedeutsamkeit der Arbeitstätigkeit (vier im Teilbereich 3 und zwei im Teilbereich 5). Weitere vier Items (zwei in Teilbereich 3 und zwei in Teilbereich 5) erheben das Wissen über die Arbeitsergebnisse. Acht dieser Items sind in direkter Form verfasst, während sechs in negativer Form formuliert sind (Hackman & Oldham, 1974, S. 12).

Die generelle Arbeitszufriedenheit wird über fünf Items (drei in Teilbereich 3 und zwei in Teilbereich 5) erhoben. Sechs Items beziehen sich auf die intrinsische Arbeitsmotivation (vier in Teilbereich 3 und zwei in Teilbereich 5) ergänzt durch insgesamt drei Fragen in Negativformulierung für beide Variablen. Eher spezielle Formen der Zufriedenheit werden in insgesamt fünf »sub-scales« über Teilbereich 4 erfasst (ebd.)

Das individuelle Wachstumsbedürfnis bildet insgesamt elf Items jeweils in den Teilbereichen 6 und 7 ab. Das sogenannte »would like« Format greift nur an dieser Stelle auf eine 5-stufige Likertskala zurück. Während die Fragen des Teilbereiches 6 die Bewertung positiver und »katastrophaler« Aspekte des Arbeitsplatzes erfragen, beziehen sich jene des Teilbereiches 7 eher auf generelle Präferenzen der Stelleninhaber. Dazu werden die Befragten gebeten sich in imaginäre, hypothetische Stellen hineinzuversetzen (ebd., S. 13).

Der Individualität der Befragten wird der JDS durch die Erhebung demografischer Daten gerecht. Ausgehend von einem Vergleich aller unterschiedlichen Stellenaufgaben und die Überarbeitung mit Hilfe statistischer Verfahren konnten nachfolgende Sachverhalte erarbeitet werden:

Arbeiter in kleinen Organisationen empfinden ihre Arbeit komplexer als solche in großen Organisation. Arbeiter in kleinen Organisationen sind generell zufriedener.
Arbeiter in Organisationen mit flacher Hierarchie haben größere Wachstumsbedürfnisse, eine bessere Kommunikation untereinander und eine höhere Zufriedenheit hinsichtlich der Bezahlung.
Organisationen in ländlichen Einzugsgebieten führen zu höherer Mitarbeiterzufriedenheit (Hackman & Oldham 1978).

Hackman und Oldham fassen zusammen, dass

> »(…) (high MPS) typically were found: (a) in small organisations, (b) in organisations in which physical facilities were dispersed throughout the region or country, (c) in organisations that were part of larger organisations, (d) for jobs high in the organisational hierarchy, (e) for non-unioned jobs, and (f) for salaried jobs. Moreover,

high MPS jobs tended to be populated by highly educated males over 40 years of age« (Hackman & Oldham, 1978 S. 41f.).

Den JDS ergänzen die Entwickler durch den »Job Rating Form«, welcher die Erfassung aus der Perspektive der Vorgesetzten ermöglicht. Dieser ist bis auf etwaige angepasste Formulierungen mit den Teilbereichen 1 und 2 des JDS identisch. Eine verkürzte Version beschränkt sich auf diese beiden Teilbereiche, mit dem Ziel des Beurteilungsvergleiches zwischen Stelleninhabern und Vorgesetzten (Hackman & Oldham, 1980, Schmidt & Kleinbeck, 1999, S. 214).

Schmidt und Kleinbeck legen eine dem Original identische deutsche Fassung des JDS vor (ebd.)

5.4 Kritische Würdigung

Nicht zuletzt durch die Vielzahl empirischer Studien, die sich mit dem JCM und dem sich darauf aufbauenden Analyseinstrument beschäftigen, gelten die Annahmen bisher als bestätigt. Die interne Konsistenz der Skalen (Reliabilität) kann mit einer Spannweite zwischen 0.58 und 0.88 sowie einem arithmetischen Mittel von 0.7255 als zufriedenstellend eingestuft werden (vgl. Hackman & Oldham, 1978, S. 14ff.).

Eine empirische Untersuchung, die sich mit der Nutzung des JDS im Bildungsbereich beschäftigt, kommt zu dem Ergebnis, dass sich aufgrund von durchgeführten Pfadanalysen die grundsätzlichen Aussagen des Modells bezüglich des Zusammenhangs zwischen Tätigkeitsmerkmalen und Arbeitszufriedenheit bestätigen lassen, wenngleich die Replikation der unterschiedlichen Dimensionen über verschiedene Studien nicht gelang. Die Grundannahmen des JCM, welche Einflussfaktoren der Dimensionen auf die verschiedenen psychologischen Zustände zurückführt, konnte ebenfalls bestätigt werden. Hervorzuheben ist die Tatsache, dass geringfügige Modifikationen der Items für den Bildungsbereich weiterhin zufriedenstellende Reliabilität der Skalen zeigte. Die Unabhängigkeit des JDS von bestimmten Berufsgruppen ist bestätigt und eine Eignung speziell für den Bildungsbereich konnte bestätigt werden (vgl. Dick et al., 2001).

Nichtsdestotrotz ist zu kritisieren, dass die »arbeitsbezogenen Erlebniszustände« keine Unterscheidung zwischen der Arbeitssituation und den beobachtbaren Reaktionen (vgl. Ortlieb, 1993, S. 71) vornehmen und die Wahrnehmungsurteile aus »sozial vermittelten Kontexten« heraus gegeben werden (vgl. Schmidt & Kleinbeck, 1999, S. 215). Die Beantwortung der Items hinsichtlich einer sozialen Erwünschtheit ist nicht auszuschließen. Neben einer grundsätzlichen Bestätigung der hervorgebrachten Ergebnisse finden sich in der Forschungsliteratur neuere empirische Untersuchungen, welche noch heute den »leistungsthematischen motivationalen Bezug« bestätigen und einen signifikanten Zusammenhang zwischen Leistungsmotivation und Leistungsvermögen der Organisation unterstellen (vgl. Kil, 2009, S. 39). Bisher weitestgehend unbeachtet ist die Tatsache, dass der JDS qualitätsfördernde Aspekte durch evaluative Vorgehensweisen beinhaltet.

5.5 Fazit

Die Skizzierung der unterschiedlichen motivationstheoretischen Konzepte sollte verdeutlicht haben, dass es keine allgemeingültigen Annahmen zur Mitarbeitermotivation in einem Unternehmen gibt. Der JDS in Form eines Synthesemodells verbindet sowohl inhaltstheoretische (Herzberg) als auch prozesstheoretische (Vroom) Motivationsaspekte und ergänzt diese durch motivationsfördernde Maßnahmen der Arbeitsgestaltung. Weiterhin wird versucht ihre Auswirkungen auf die Fluktuation, Fehlzeiten und Arbeitsleistungen der Mitarbeiter herauszuarbeiten.

Während die herkömmlichen Analyseverfahren keine Unterscheidung zwischen Individuen und Gruppenaktivitäten treffen, nehmen Hackman und Oldham sie vor und gehen in der Auseinandersetzung mit motivationsförderlichen Effekten unterschiedlicher Arbeitsgruppen einen Schritt weiter.

Auffallend ist die Kombination des Ansprechens unterschiedlicher Ebenen, die in ihrer Wichtigkeit für die Qualitätsentwicklung in Kapitel 2.4 verdeutlicht worden sind. Die evaluative Erhebung der Mitarbeiterzufriedenheit und der Zufriedenheit mit dem Vorgesetztenverhalten bieten eine ideale Anschlussstelle für Qualitätsbemühungen im Rahmen der Lernerorientierten Qualitätsentwicklung. Durch die standardisierte Erhebung kann weiterhin bei großen Organisationen mit unterschiedlichen Standorten problemlos ein Vergleich anhand erhobener Referenzwerte unternommen werden (vgl. Schütt, 2006). Die Erhebung von Mitarbeiterzufriedenheit wird zunehmend von Qualitätspreisen wie dem European Quality Award gefordert. Unter dem Konzept u.a. der Mitarbeiterorientierung zählen Möglichkeiten der Bedürfnisbefriedigung der Mitarbeiter zunehmend zu erforderlichen Qualitätserfolgsfaktoren. Der JDS bietet den Organisationen eine Hilfestellung, die sich der Aufgabe einer systematischen Erhebung der Mitarbeiterzufriedenheit nicht gewachsen sehen. Die durch den JDS erhobenen Referenzwerte bieten weiterhin die Möglichkeit explizit in den Organisationsentwicklungsprozess einzufließen und den Weg zu einer Lernenden Organisation zu unterstützen (vgl. Brüggemann/Hunecke & Mütze, 1999).

6 Empirischer Teil

»Die Natur erklären wir, das Seelenleben verstehen wir«
(Dilthey 1894 zitiert nach Mayring, 2008, S. 91)

Die Güte einer wissenschaftlichen Untersuchung hängt maßgeblich von der Transparenz des Erkenntnisinteresses und der intersubjektiven Nachvollziehbarkeit der Ergebnisse ab (vgl. Lamnek & Krell, 2010). In diesem Sinne sollen im nachfolgenden Kapitel sowohl das zu Grunde gelegte forschungstheoretische als auch - praktische Verständnis skizziert werden. Letzteres zeichnet sich durch die Transparenz grundlegender methodischer Entscheidungen aus, die zur theoriegeleiteten Ableitung des Untersuchungsinstruments führen.

6.1 Forschungstheoretisches Verständnis

Mit dem Ziel durch adäquate Methoden menschliches Verhalten in Organisationen - die ein Qualitätsmanagementsystem implementiert haben - zu erklären, reflektieren und Verbesserungen anregen zu können, ist die Analyse der LQW der Wissenschaftsdisziplin der empirischen Sozialforschung gegenüber verpflichtet (vgl. Schnell/Hill & Esser, 2008, S. 5ff.). Für das »Motiv der Aufklärung des Menschen über Prozesse, die außerhalb und innerhalb seiner jeweiligen Sozialorganisation ablaufen« (ebd., S. 6), haben sich im Laufe der Wissenschaftsdisziplin zwei grundlegende Verfahrensweisen (die unterschiedlichen paradigmatischen Richtungen zugeordnet werden können) etabliert und können der gängigen Methodenliteratur entnommen werden.

Neben der historisch gewachsenen, naturwissenschaftlich ausgerichteten Interpretationslogik der quantitativen Forschung in ihrer Ermittlung von »Musterhäufigkeiten im Erleben und Verhalten der Menschen« und der Ableitung entsprechender Gesetzmäßigkeiten (vgl. Bortz et al., 2010, S. 301) etablierte sich für den Bereich der empirischen Sozialforschung zunehmend ein weiterer »Forschungszweig«. Die Beobachtungsrealität wird nicht in Zahlen abgebildet (ebd., S. 297) und als Reiz-Reaktions-Abfolge verstanden, sondern als ein interpretativer Prozess der Bedeutungserschließung menschlichen Verhaltens gesehen (vgl. Steigleder, 2008, S. 22). Dieser Prozess orientiert sich im Gegensatz zur quantitativen Forschung an nichtnumerischem »unstandardisiertem« Material (vgl. Bortz et al., 2010, S. 297). Gegenüber den Messwerten der quantitativen Forschungsmethoden bietet das den Vorteil, dass qualitatives Material einen »reichhaltigeren Bedeutungsinhalt« aufweist (ebd.). Ziel der empirischen Forschung ist ein Erkenntnisgewinn, welcher auf die systematische Auswertung von Erfahrungen beruht (vgl. Steigleder, 2008, S. 65). Das erhobene Datenmaterial nimmt für den Erkenntnisgewinn eine zentrale Stellung ein. Im Sinne einer qualitativen Forschung ist der reine Analyseprozess ergänzt durch die intensive Auseinandersetzung mit dem Datenmaterial als Grundlage des »Verstehens« (vgl. Mayring, 2007, S. 17). Theoretisch fundiert ist dieser Verstehensprozess durch die Hermeneutik. Die qualitativen Deutungsmethoden bauen prinzipiell auf den hermeneutischen Zirkel auf, welcher ein spiralförmiges Deuten des Datenmaterials postuliert. Entscheidend an dieser methodologischen Vorgehensweise ist, dass die Feinanalysen des Datenmaterials durch den Forscher (ausgehend von einem ersten erarbeiteten Verständnis) durchgeführt werden. Das an einzelnen Textpassagen gewonnene Grundverständnis ist die Grundlage des auf den Gesamttext bezogenen »Verstehens«. Die zirkuläre Wiederholung des »Lesens und Analysierens von Teilen und Ganzem« dient der schrittweisen Verbesserung des Textverständnisses (Bortz et al., 2010, S. 303). Eine intensive Beschäftigung des Forschers mit dem Gegenstand der Untersuchung erlaubt sodann Rückschlüsse auf die »allgemeinen Handlungsregeln und die Sinnstrukturen in der Alltagswirklichkeit« (vgl. Atteslander 2008, S. 199).

6.2 Erste forschungspraktische Annäherungen

In der Forschungspraxis trifft man auf eine Kombination beider Forschungsrichtungen. Dabei werden beispielsweise durch qualitative Forschungsbemühungen explorierte Sachverhalte einer quantitativen Überprüfung unterzogen. Die sogenannte methodische Triangulation ist für diese Arbeit nicht von Bedeutung und wird vernachlässigt. Dies liegt darin begründet, dass die Arbeit sich entgegen dem mechanistischen Menschenbild an einem umfassenden Menschenbild orientiert (vgl. Kapitel 5.1).

»Kritiker vermuten, dass im quantitativen Ansatz ein mechanistisches Menschenbild zugrunde gelegt wird, nachdem der Mensch nur eine »Marionette« ist und von äußeren Ursachen gesteuert wird. Demgegenüber treten dann die Anhänger einer interpretativen Sozialwissenschaft für ein Bild des selbstbestimmten, sinnvoll handelnden Menschen ein, dessen Erleben und Verhalten man nicht durch Benennen äußerer, objektiv beobachtbarer Wirkfaktoren »erklären«, sondern nur durch kommuni-

Empirischer Teil 85

katives Nachvollziehen der subjektiven Weltsicht und inneren Gründe der Akteure »verstehen« könne« (Bortz et al., 2010, S. 301).

Entscheidungsgrundlagen für ein qualitatives Vorgehen:
Um den theoretischen Ausführungen gerecht zu werden, bietet sich eine qualitative Untersuchung an. In der Orientierung an kommunikativen Inhalten als Repräsentanten der Realität menschlichen und sozialen Verhaltens (Lamnek & Krell, 2010, S. 435 ff./Atteslander, 2008, S. 189), welche zur wissenschaftlichen Erschließung alltäglicher Handlungsmuster genutzt werden, erscheint eine methodische Orientierung an einem inhaltsanalytischen Vorgehen als sinnvoll (ebd., S. 465).

Die Tatsache, dass auf bestehende Daten zurückgegriffen werden kann und kein Datenerhebungsinstrument von Nöten ist, verdeutlicht, dass eine Methode der Datenauswertung ausreicht. Aufgrund der Fülle des für die Auswertung zur Verfügung stehenden Materials sowie der Notwendigkeit wissenschaftlichen Anforderungen gerecht werden zu können, begründet die Entscheidung für die qualitative Inhaltsanalyse nach Mayring.

> »Die qualitative Inhaltsanalyse nach Mayring ist eine Anleitung zum regelgeleiteten, intersubjektiv nachvollziehbaren Durcharbeiten umfangreichen Textmaterials (…)« (Bortz et al., 2010, S. 331f.).

Mit dem Ziel das Material insoweit zu reduzieren, als dass die wesentlichen Inhalte erhalten bleiben und ein verzerrungsfreies Abbild dessen darstellen (vgl. Atteslander, 2008, S. 198).

Stichprobe:
Für den Bereich der qualitativen Sozialforschung lassen sich wenige Aussagen darüber finden, inwiefern eine geeignete Stichprobe zu bilden ist.

> »Es ist überraschend, dass auch neuere Handbücher zu qualitativen Methoden keine Artikel zu diesem Problem, sondern den Hinweis enthalten, dass bei qualitativen Studien wenig Wert auf die Bestimmung des Rahmens der jeweiligen Stichprobe gelegt werde« (Merkens, 2000, S. 290).

Um diesem Problembereich der qualitativen Sozialforschung zu begegnen wird die Stichprobe aus forschungslogischer Perspektive gebildet.

Textkorpus:
Um eine hinreichende Nähe zum Gegenstand gewährleisten zu können, werden der Untersuchung von ArtSet veröffentliche Praxismaterialien zu Grunde gelegt. Jene online erhältlichen Arbeitshilfen und Qualitätswerkzeuge orientieren sich an den 11 Qualitätsbereichen der LQW und geben gezielte, praxisorientierte Beispiele zur adäquaten Ausgestaltung des Managementsystems auf dem Weg zur organisationalen Qualitätsverbesserung. Die Materialien werden nicht durch den »Leitfaden für die Praxis« (Zech, 2006) ergänzt, da die darin angedeuteten Sachverhalte in den Arbeitshilfen aufgegriffen und weiter ausgeführt werden. Für die empirische Untersuchung werden alle praxisorientierten Empfehlungsdokumente mit Bezug zu den 11 Qualitätsbereichen untersucht. Die Arbeitshilfen für Kleinstorganisationen und Ausbildungsabteilungen sowie die Unterlagen der Zusatzmodule und optionalen Qualitätsbereiche werden nicht berücksichtigt. Dem liegt die Annahme zu Grunde, dass diese Unterlagen durch die spezifische Ausrichtung und Optionalität weniger zum Einsatz kommen. Ziel ist es, durch die kommunikativen Inhaltsstrukturen der Dokumente Rückschlüsse auf menschliches Verhalten zu ziehen (vgl. Merten, 1995, S. 15, 16, 59 zitiert nach Atteslander, 2008, S. 189). Weiterhin sollen Zusammenhänge der Verwendung des Materials mit Blick auf eine motivationstheoretische Adressierung des Qualitätsmanagementsystems rekonstruiert werden (vgl. ebd., S. 182).

Reichweite der Untersuchung:
Nach Durchsicht der gängigen englischsprachlichen Methodenliteratur kommt Steigleder (2008) zu dem Ergebnis, dass Mayring im anglo-amerikanischen Sprachraum keine Bedeutung hat (vgl. Steigleder, 2008, S. 42). Zwar wird für die Erarbeitung und abschließende Beurteilung größtenteils auf die Ausführungen der englischsprachigen Literatur zurückgegriffen, jedoch hauptsächlich in ein deutsches organisationstheoretisches Verständnis eingebettet. Die Untersuchung orientiert sich an Strukturen pädagogischer Organisationen des deutschen Sprachraums. Zwar ist die LQW konzeptionell auf eine branchenunabhängige Verwendung hin ausgerichtet und eine Öffnung zum internationalen Markt hat stattgefunden, allerdings führen diese Punkte in Kombination mit der »mangelnden Anerkennung« der Methode im internationalen Diskurs dazu, dass lediglich deutsche Unternehmen und Führungskräfte sowie die Modellentwickler und die ArtSet GmbH ein grundsätzliches Interesse an den hervorgebrachten Ergebnissen haben könnten.

Intention der Untersuchung:
Die Intention der Analyse liegt nicht darin, die Konzeption der LQW in Frage zu stellen. Vielmehr soll das Qualitätstestat in seiner spezifischen Ausrichtung auf die Bedürfnisse des Lerners und des pädagogischen Feldes gewürdigt werden und bestenfalls Anregungen zu etwaigen, möglichen, weiteren Foki der Betrachtung gegeben werden.
Die Auswertungsmethodik wird im folgenden Kapitel ausführlicher betrachtet.

6.3 Die qualitative Inhaltsanalyse nach Mayring

Mit Bezug auf die sich aus der hermeneutischen Betrachtungsweise ergebenden Anforderungen erarbeitet Mayring ein Modell der qualitativen Inhaltsanalyse. Der Arbeit mit einem solchen inhaltsanalytischen Verfahren wird durch Lamnek (2010) ein konkreter Lebensweltbezug zugeschrieben, was ex ante eine erleichterte Anwendung vermuten lässt (vgl. Lamnek & Krell, 2010, S. 438).

Ausgehend von einer Kenntnis der Entstehungssituation des Materials (hierbei handelt es sich nicht nur um Texte, sondern jede Form kommunikativen Datenmaterials) und einer sich darauf aufbauenden intensiven »Quellenkunde«, hat der Forscher sich im Forschungsprozess sein eigenes Vorverständnis zu erarbeiten, und zu Gunsten der intersubjektiven Nachvollziehbarkeit transparent zu machen. Das zu entwickelnde inhaltsanalytische Verfahren als »Verstehensprozess« sollte sich einer rein oberflächlichen Behandlung des Materials entziehen, indem es »latente Sinngehalte« innerhalb der Materialstruktur zu erfassen hat (Mayring, 2008, S. 29).

Mayring unterscheidet in seiner Ausarbeitung zwei grundlegende Typen von Analysen, welche auf unterschiedlichen Wissenschaftsverständnissen aufbauen. Er erweitert die Unterscheidung durch den Aspekt der Skalenniveaus. Demnach gelten

> »(...) alle Analysen, die auf nominalskalierten Messungen basieren, als qualitative Analysen [gelten], und solche, die auf ordinal- intervall- oder ratioskalierten Messungen basieren als quantitative Analysen [gelten]« (Mayring, 2003, S. 15; Lamnek & Krell, 2010, S. 461).

Die erhobenen Daten sind erst in das entsprechende Nominalskalenniveau zu überführen. Die quantitative Inhaltsanalyse geht hierzu frequenzanalytisch vor (Bortz et al., 2010, S. 298). In Ergänzung dazu, können die Daten in höhere Skalenniveaus transferiert werden. Durch die Hinzuziehung Dritter, die mit Hilfe einer Ratingskala Einschätzungen vornehmen, ist es möglich Daten im Ordinal-

und Kardinalskalenniveau zu erzeugen und das Datenmaterial zu strukturieren. Mayring erfasst neben der Strukturierung insgesamt 2 weitere Analysetechniken:

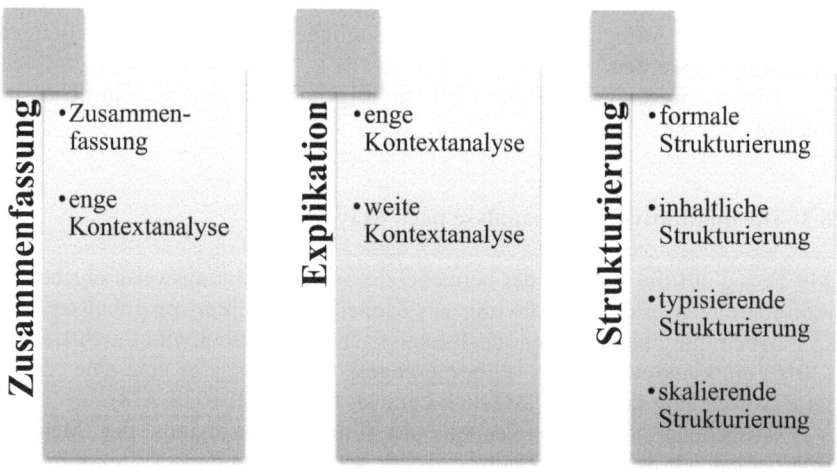

Abbildung 16: Eigene Darstellung: Formen qualitativer Analysetechniken nach Mayring, 2007, S. 59

Auf eine weitreichende Darstellung der unterschiedlichen Analysetechniken wird verzichtet, da für die Untersuchung die strukturierende Inhaltsanalyse von Bedeutung ist, die Mayring als die »zentralste inhaltsanalytische Technik« (vgl. Mayring, 2003, S. 75) beschreibt.

»Die Technik zielt darauf ab, mit Hilfe eines vor der Analyse gebildeten Kategoriensystems bestimmte Themen, Inhalte oder Aspekte aus dem Material zu extrahieren und zusammenzufassen« (Steigleder, 2008, S. 32).

Die vorgenommene Reduzierung (vgl. Lamnek & Krell, 2010, S. 480) bildet einen Querschnitt durch das Material, die unter vorher festgelegten Ordnungskriterien durchgeführt wird (vgl. Mayring, 2003, S. 58/Lamnek & Krell, 2010, S. 478). Zentral für die qualitative Inhaltsanalyse ist die Bildung von Kategorien. Sie werden in einem Kategoriensystem gebündelt und bilden die Grundlage für die »Überführung der Kommunikationsinhalte in numerische Daten« (vgl. Atteslander, 2008, S. 189ff.). Die Bildung des Untersuchungsrasters durch die

Empirischer Teil

Kategorien kann ausgehend von empirischen Daten (induktiv) und theoretischen Daten (deduktiv) erfolgen (vgl. Mayring, 2008, S. 74f.;). Bortz et al. stellen fest, dass in der Forschungspraxis häufig Mischformen der Kategorienbildung anzutreffen sind (vgl. Bortz et al., 2010, S. 310/Bortz & Döring, 2006, S. 330/Steigleder, 2008, S. 60). Dies unterstützt Mayring ebenfalls, wenn er die Wichtigkeit der theoriegeleiteten Vorgehensweise für die induktive Kategorienbildung unterstreicht (vgl. Mayring, 2003, S. 76/Steigleder, 2008, S. 173).

Für das Vorgehensmodell nach Mayring besteht der Gedanke, dass die Vorteile der quantitativen Inhaltsanalyse für den qualitativen Bereich zu nutzen seien (vgl. Mayring, 2000). In der Forschungspraxis trifft man den Sachverhalt an, indem zur besseren Quantifizierbarkeit der »reichhaltigeren« qualitativen Ergebnisse eine quantitative Darstellung erfolgt.

Zusammenfassend bezeichnet Mayring die qualitative Inhaltsanalyse als einen

»(...) Ansatz empirischer, methodisch kontrollierter Auswertung auch größerer Textcorpura [dar], wobei das Material, in seinen Kommunikationszusammenhang eingebettet, nach inhaltsanalytischen Regeln ausgewertet wird, ohne dabei in vorschnelle Quantifizierungen zu verfallen« (Mayring, 2000).

Die qualitative Inhaltsanalyse nach Mayring gewährleistet eine systematische Interpretation des Datenmaterials und erlaubt Rückschlüsse auf nicht explizit artikulierte inhaltliche Bedeutungen durch das sprachliche Material (ebenfalls auf nonverbale Phänomene). Zur Wahrung der Gütekriterien empirisch qualitativer Sozialforschung zerlegt sie den Forschungsprozess in einzelne vorher festgelegte Interpretationsschritte (vgl. Steigleder, 2008, S. 21-28/Lamnek & Krell, 2010, S. 434).

Für die qualitative Inhaltsanalyse zeigt sich demnach folgendes Bild:

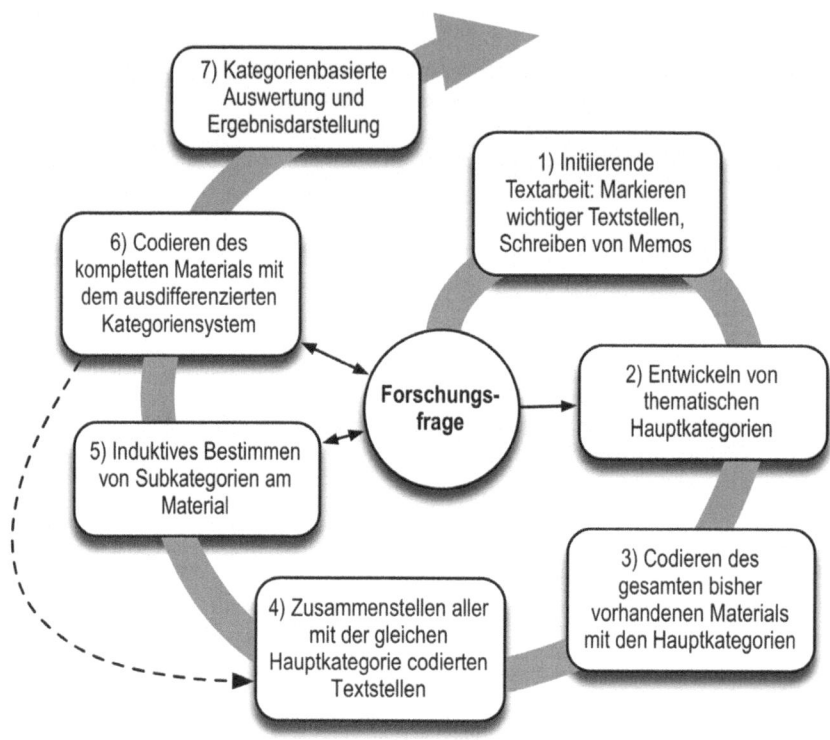

Abbildung 17: Ablaufmodell der strukturierenden Inhaltsanalyse Aus: Kuckartz, 2012, S. 78

Trotz dieser klaren Vorgaben in der Vorgehensweise und die vorgenommene Standardisierung des Forschungsprozesses verweist Mayring auf fehlende Konkretheit des Modells durch einen zu hohen Grad an Allgemeinheit (vgl. Steigleder, 2008, S. 32). In der konkreten Ausgestaltung des Forschungsprozesses sollen die Ablaufmodelle

Empirischer Teil

»(...) nicht als Techniken verstanden werden, die blind von einem Gegenstand auf den anderen übertragen werden können. Die Adäquatheit muß jeweils am Material erwiesen werden. Deshalb werden die hier vorgeschlagenen Verfahren auch immer auf die konkreten Studien hin modifiziert werden müssen« (Mayring, 2008, S. 44).

Die Offenheit des Modells vermag u.a. dazu führen, dass das Modell »in der empirischen Forschungspraxis vielfach Verwendung« findet (vgl. Steigleder, 2008, S. 32).

6.4 Datengrundlage der Untersuchung

In Kapitel 6.2 wurden die Entscheidungsgrundlagen für die qualitative Inhaltsanalyse nach Philipp Mayring und das Ziel dessen transparent gemacht. Im Zuge dieser Auseinandersetzung wurden Charakteristika des Materials unter dem Aspekt der Gegenstandsnähe hervorgehoben und die Datengrundlage kurz beschrieben. Nunmehr soll das Material im Rahmen seiner Entstehungssituation kurz skizziert werden.

Die auf der Homepage der ArtSet GmbH veröffentlichten Arbeitshilfen und Qualitätswerkzeuge für die einzelnen Qualitätsbereiche verstehen sich als »Auskopplungen« aus den theoretischen Ausführungen des Modellentwicklers. Insofern obliegt die Urheberschaft dem Lizenzgeber der ArtSet Forschungs GmbH unter der Leitung von Herrn Prof. Dr. Rainer Zech. Während die Buchveröffentlichung unter dem Titel »Handbuch Qualität in der Weiterbildung« (Zech, 2008b) für Organisationen käuflich zu erwerben ist, können die Arbeitshilfen und Qualitätswerkzeuge kostenfrei auf der Internetseite heruntergeladen werden. Die Ausführungen des Datenmaterials stimmen mit denen der Buchveröffentlichung überein; sie sind an einigen Stellen auf die wesentlichen Inhalte gekürzt.

Adressiert werden mit diesen Unterlagen Qualitätsbeauftragte und mit dem Prozess der Qualitätsentwicklung konfrontierte Beschäftigte. Da sich Qualitätsentwicklung im Rahmen der LQW auf die ganze Einrichtung bezieht und partizipativ gestaltet werden soll, kommen als mögliche Adressaten alle Mitarbeiter in Frage (vgl. Zech, 2008b, S. 9). Wie bereits erwähnt, orientieren sich die Materialien in ihrer Gestaltung und Reihenfolge an der »Logik des Bildungsprozesses« und sollen als eine »freiwillige Gestaltungsempfehlung« systematischer Qualitätsentwicklung dienen (ebd.; vgl. Kapitel 3.3). Ein Einsatz aller Unterlagen ist nicht zwingend erforderlich. Die Arbeitshilfen und Qualitätswerkzeuge können nach Bedarf voneinander separiert werden (vgl. ebd., S. 10).

In ihrer Struktur stellen sie anfangs die Bedeutung des Qualitätsbereiches vor, während sie anschließend über wichtige, beachtenswerte Punkte die Aufmerksamkeit auf Indikatoren der organisationalen Qualitätsentwicklung lenken.

Das Material in Form der einzelnen Arbeitshilfen kann sodann durch die entsprechenden Qualitätswerkzeuge ergänzt werden. Die Intention dabei besteht in der Bereitstellung konkreter Methoden zur Umsetzung der Anforderungen (ebd.).

Die Verfasser verdeutlichen abschließend, dass diese Hilfestellungen nicht in der Lage sind »ein Bedürfnis der Beschäftigten, gute Arbeit machen zu wollen« (ebd.) herzustellen. Aufgabe dieser Untersuchung ist es, diese Aussage systematisiert zu überprüfen.

6.5 Untersuchungsdesign

Hinsichtlich der praktischen Relevanz wurde die Wahl des Untersuchungsthemas aus der Tatsache abgeleitet, dass Führungskräfte in Organisationen in der Mehrheit einer unmotivierten Belegschaft gegenüberstehen (vgl. Kapitel 4.4). Durch die Einführung von Qualitätsmanagementsystemen wird diese Tatsache weiter verschärft (vgl. Brückner et al., 2009, S. 30), wenngleich Gegenbeispiele den Nutzen qualitätsmotivierter Arbeitnehmer für eine Organisation verdeutlichen. Bis die Umsetzung des motivierenden Qualitätsmanagements in Aussagen wie »Wir machen nicht LQW, wir machen unsere Arbeit« (Brückner et al., 2009) endet.

Da kein direkter Einbezug der Beforschten durch das Untersuchungsdesign möglich ist, wird es mit Erfahrungsberichten untersuchter Einrichtungen rückgekoppelt. Bei der Entscheidung für das Datenmaterial wird auf einen konkreten Praxisbezug Wert gelegt. Die Grundlagendokumente der LQW (Zech, 2006) erfahren aufgrund ihrer Wissenschaftsorientierung wenig Einzug in die Praxis; während die Unterlagen in Form von Qualitätswerkzeugen und Arbeitshilfen die Umsetzung der LQW theoretisch orientiert anregen sollen. Das Material wird durch die Unternehmen mit Blick auf eine bevorstehende Zertifizierung genutzt. Diese Vorannahmen konnten durch mehrere informelle Gespräche mit Qualitätsmanagementbeauftragten bestätigt werden. Da die Unterlagen ex ante existierten, handelt es sich um eine sekundäre Datenerhebung.

Wie bereits erwähnt, liegt die Intention dieser Untersuchung darin, konkrete Blickwinkel für eine humanzentrierte Umsetzung von Qualitätsmanagement, insbesondere der LQW, zu eröffnen. Einer handlungsorientierten Sichtweise wird dadurch Rechnung getragen, dass mit Blick auf das Feld die motivationsförderlichen Bedingungen ermittelt werden und zu einer entsprechenden Implementierung angeregt werden sollen. Die strukturierende Inhaltsanalyse ist im Stande einer solchen Intention grundsätzlich auch gerecht zu werden. Dem

Datenauswertungssinstrument (eingebettet in die empirische Sozialforschung) liegt eine Veränderungsabsicht nahe.

Die konkrete Realisierung dieser Forschungsorientierung obliegt der Ausgestaltung der qualitativen Inhaltsanalyse nach Philipp Mayring. Dabei wird auf die Erhebungsmethoden in Form von umfassenden Befragungen verzichtet. Das bietet den Vorteil, dass die Erhebung anonym abläuft und mögliche Verzerrungen aufgrund von sozialer Erwünschtheit ausgeschlossen werden können.

Zwar suggeriert die Aktionsforschung beispielweise, dass eine Forschung nicht objektiv ablaufen kann und subjektive Anteile unumgänglich sind, allerdings wird im Sinne der Beachtung der Gütekriterien (empirisch qualitativer Sozialforschung) auf Methoden zurückgegriffen, welche »keinerlei Einfluss auf die untersuchten Personen, Ereignisse, oder Prozesse ausüben« (Bortz et al., 2010, S. 326). Diese sogenannten nonreaktiven Verfahren werden in Kapitel 6.7 erarbeitet. Zwar liegt die Vermutung nahe, dies schlösse die gleichberechtigte Teilhabe von Beforschten und Forscher sowie das gegenseitige Lernen aus, jedoch soll dies durch die Rezeption von Erfahrungsberichten gewährleistet werden. In der Auseinandersetzung mit den Erfahrungswerten fällt auf, dass sie die kategoriale Interpretation der Auswertungsmethodik anregen können und möglicherweise das Augenmerk auf unbetrachtete Interpretationsmöglichkeiten des Datenmaterials lenken.

6.6 Ableitung des Untersuchungsinstruments

In der Auseinandersetzung mit den unterschiedlichen Motivationstheorien zeigt sich, dass jeweils nur Teilbereiche menschlichen Verhaltens in Form von unterschiedlichen motivationstheoretischen Aspekten betrachtet werden und unterschiedlichen theoretischen Paradigmen zugeordnet werden können. Motivationstheoretische Erkenntnisse sind entweder inhalts-, prozess- oder balancetheoretisch verankert. Die empirische Überprüfbarkeit gestaltet sich oftmals schwierig. Dem hingegen kann die empirische »Gültigkeit« des JCM als zufriedenstellend eingestuft werden; bisherige motivationstheoretische Erkenntnisse werden in der Eigenschaft als Synthesemodell zusammengefasst (vgl. Kapitel 4.3). Durch den konkreten arbeitspraktischen Bezug, den das Modell aufweist, soll es der Untersuchung zu Grunde gelegt werden. Der sich aus dem JCM abgeleitete JDS bildet die theoretische Basis für die deduktive Ableitung des Kategoriensystems der inhaltsanalytischen Auseinandersetzung.

Dafür werden gängige kritische Einwände gegen das Modell der strukturierenden Inhaltsanalyse nach Mayring in die Untersuchung mit eingearbeitet.

»(...) die empirische Analyse verdeutlicht, dass dann, wenn es um klare Begriffe und eine eindeutige Systematik geht, die Vorteile der Interpretationstechnik strukturierender qualitativer Inhaltsanalyse zwar zum Tragen kommen; wenn es aber um die Erfassung subjektiver Wahrnehmungen geht, es jedoch häufig auf der Basis der theoretischen Grundlage nicht möglich ist, bereits im Vorfeld theoriegeleitete Kategorienbildung - inhaltlich und methodologisch betrachtet - zur größten Falle (...) (wird)« (Steigleder, 2008, S. 163):

Damit verdeutlicht Steigleder die von Mayring vorgeschlagene Überarbeitung des theoriegeleiteten Kategoriensystems im 7. Arbeitsschritt, wodurch die intersubjektive Überprüfbarkeit verloren geht (ebd.). Bortz et al. geben zur Kenntnis, dass induktive Schlüsse unsichere, nicht wissenschaftsadäquate Schlüsse seien (vgl. Bortz et al., 2010, S. 300). Die durch diesen »Revisionsschritt« bedingte Vermischung induktiver und deduktiver Kategorienbildung (vgl. Steigleder, 2008, S. 62) führt dazu, dass die strukturierende Inhaltsanalyse nach Mayring - trotz ihres Bekanntheitsgrades - nicht als sozialwissenschaftliche Forschungsmethode anzuerkennen ist (vgl. Steigleder, 2008, S. 174). Dies nimmt Steigleder zum Anlass in ihrer Dissertation das Modell zu überarbeiten, da die von Mayring vorgesehene Überarbeitung des Kategoriensystems in der Forschungspraxis oftmals durch Ressourcenmangel nicht geleistet werden kann (vgl. Steigleder, 2008, S. 46f./Hugl, 1995, S. 140).

Für die Untersuchung wird dieser berechtigten Kritik durch die Wahl eines »nonreaktiven Verfahrens« (Bortz et al., 2010, S. 326) entgegen gewirkt sowie durch eine geschlossene, rein deduktive Vorgehensweise und Kategorienbildung. Eine revidierende Bearbeitung des Kategoriensystems findet nicht statt. Hinsichtlich der motivationsförderlichen Arbeitsplatzgestaltung wird davon ausgegangen, dass die fünf Aufgabendimensionen des JCM die wesentlichen Aspekte erfassen, die Grundlage für die inhaltsanalytische Strukturierung des Datenmaterials sind.

Zur Operationalisierung der Fragestellung werden Items zu Einstellungen, Erhebung der unterschiedlichen Zufriedenheitsformen, der subjektiv erlebten intrinsischen Arbeitsmotivation und weiteren psychologischen Erlebniszuständen nicht berücksichtigt. Die Operationalisierung beschränkt sich auf die aus dem JCM abgeleiteten fünf Kernaufgabendimensionen und die zwei Erweiterungen hinsichtlich sozialer Arbeitsbeziehungen und dem Feedback durch Mitarbeiter und Vorgesetzte. Zur Verwendung kommt die durch Klaus-Helmut Schmidt und Uwe Kleinbeck erarbeitete deutsche Fassung des Job Diagnostics Survey, welche der Originalversion von Hackman und Oldham entspricht (vgl. Kapitel 5.3).

In der nachfolgenden Abbildung werden in Anlehnung an die von Mayring vorgeschlagene Vorgehensweise (vgl. Mayring, 2004) die grundlegenden Kodierhinweise geliefert.

Nr.	Dimension	Kategoriendefinition	Kodierregel
1	Anforderungsvielfalt	Ausführung verschiedenartiger Tätigkeiten, Einsatz verschiedener Fähigkeiten, Fertigkeiten und Anforderungen, Tätigkeitsabwechslung	Simple und kurzfristig wiederholende Arbeitstätigkeiten, als hemmend erfassen. Ja / Nein; Wie?
2	Aufgabengeschlossenheit	Inwiefern ist die Arbeit nicht zerstückelt mit erkennbaren Anfang und Ende? Ausführungslogik? Können angefangene Arbeiten zu Ende geführt werden?	Keine Möglichkeit zu vollständigen Erledigung einer Arbeitsaufgabe mit erfassbaren Anfang und Ende, als hemmend erfassen. Ja / Nein; Wie?
3	Bedeutsamkeit der Arbeit	Haben die ausgeführten Arbeiten einen erkennbaren Einfluss auf das Leben der Arbeitenden oder die Arbeit anderer Personen? Leistet die Arbeitstätigkeit einen Beitrag zu einer als sinn- und wertvollen Arbeitstätigkeit, die ihre Mühe wert ist und steigert das Empfinden einen wertvollen Beitrag gegenüber der Gesamtunternehmung zu erbringen?	Fehlende Wichtigkeit der Arbeit, als hemmend erfassen. Ja / Nein; Wie?
4	Autonomie	Bietet die Arbeit den Mitarbeitern Freiräume? Können Arbeitsabläufe nach eigenem Ermessen gestaltet, Arbeitsverfahren selbstständig entwickelt werden? Fühlt der Mitarbeiter sich persönlich für sein Arbeitsergebnis verantwortlich?	Fehlt die Möglichkeit selbst diesbezüglich Entscheidungen zu treffen und persönliche Initiative einzubringen und Verantwortlichkeit zu empfinden, als hemmend erfassen. Ja / Nein; Wie?
5	Rückmeldung	Bietet die Ausführung der Arbeitsaufgabe Gelegenheit Informationen über die Effektivität des eigenen Handelns zu erhalten.	Gibt die Arbeitstätigkeit keine Hinweise darauf, ob eine Arbeit »gut oder schlecht« ausgeführt werden kann, als hemmend erfassen. Ja / Nein; Wie?
6	Soziale Beziehungen	Fördert oder verlangt die Arbeit ein enges Zusammenarbeiten mit anderen Personen wie Kollegen, Kunden oder Arbeiter anderer Einrichtungen und Arbeitsbereichen?	Werden Arbeiten vor allem alleine durchgeführt, als hemmend erfassen. Ja / Nein; Wie?

7	Feedback	Erhalten die Mitarbeiter durch Vorgesetzte und Kollegen oder Externen klare, direkte und kontinuierliche Informationen über die Effektivität des eigenen Handelns. Bieten Sie nonverbale Möglichkeiten der Würdigung des Arbeitsverhaltens?	Werden keine Informationen durch andere Leute in dieser Hinsicht preis gegeben, als hemmend erfassen. Ja / Nein; Wie?

Abbildung 18: Eigene Darstellung: Codeplan

Wie dem Kodierplan zu entnehmen ist, wird zwischen motivationsförderlichen und -hemmenden Bedingungen der Arbeitsplatzgestaltung unterschieden. Wie die motivationstheoretischen Ausführungen bisher gezeigt haben, findet die Mitarbeitermotivierung an und durch unterschiedliche Ebenen statt. Für den Bereich des Qualitätsmanagements sei darauf verwiesen, dass sich *motivationsförderliche* sowie *-hinderliche Bedingungen* einerseits auf den *Mitarbeiter selbst*, andererseits an *die ganze Organisation* in *direkter* und *indirekter Form* richten können (vgl. Kapitel 4.4). Insofern wird die durch MAXQDA[17] computergestützte Codierung diese Ebenen berücksichtigen.

Zwar sind die Kategoriendefinitionen so gewählt, dass sich die analysierten Textstellen den gewählten Kategorien eindeutig zuordnen lassen, jedoch sind Mehrfachzuordnungen möglich (vgl. Abbildung 15; Kapitel 5.2) und werden vorgenommen.

Auf diese Ausführungen aufbauend lässt sich die motivationstheoretische Adressierung innerhalb der LQW in folgender Differenzierung betrachten:

Ebene \ Adressierung	direkt / explizit	indirekt / implizit
Mitarbeiter	A	B
Organisation	C	D

Abbildung 19: Eigene Darstellung: Ebenen der motivationstheoretischen Adressierung

---

[17] MAXQDA ist ein Softwareprogramm, welches die computergestützte qualitative Daten- und Textanalyse ermöglicht

Dokumente der Arbeitsplatzbeschreibung beispielsweise haben einen klar fördernden direkten Effekt hinsichtlich der Aufgabengeschlossenheit, schränken allerdings den Mitarbeiter indirekt in seiner beruflichen Autonomie ein. Sind die Verfahrensbeschreibungen durch die Organisation dem einzelnen Mitarbeiter top-down[18] oktroyiert, bleibt anzunehmen, dass dieser Effekt sich nachteilig hemmend auf die Autonomie des Mitarbeiters auswirkt. Dies indirekt/implizit, da in erster Linie mit einer solchen Entscheidung nicht die eigentliche Arbeitsaufgabe adressiert wird. Weil eine derartige Entscheidung nicht ohne jeglichen Zusammenhang mit der Arbeit des Beschäftigten betrachtet werden kann und Auswirkungen auf die Durchführung der Arbeitsaufgabe des Mitarbeiters hat, fließen diese Analyseeinheiten mit in die Untersuchung - in besagter Weise - ein.

Wird beispielsweise eine Partizipation aller Beteiligten einer Organisation in der Entwicklung eines Leitbildes vorgeschlagen, wird der Mitarbeiter nicht direkt adressiert und die Erledigung dieser Aufgabe kann als organisationsbezogen gedeutet werden. Durch den Prozess der Teilhabe an wichtigen Entscheidungen kann eine grundsätzliche Erhöhung der Autonomie des Mitarbeiters an seinem Arbeitsplatz angenommen werden. Diese organisationsbezogene Adressierung wird nach Auswirkungen auf die Gestaltung der Arbeitsaufgabe und dessen »Wirkung« auf den Mitarbeiter hin untersucht. Den festgestellten Adressierungen wird im Laufe dieser Untersuchung ein indirektes Motivierungspotenzial mit Blick auf die Lehrenden zugesprochen.

Entgegen den methodischen Ausführungen Mayrings (2008) wird explizit auf die Formulierung von Ankerbeispielen verzichtet. Trotz einer relativen Geschlossenheit der Untersuchungsmethodik wird dadurch sichergestellt, dass alle »tatsächlich relevanten Informationen aus dem Datenmaterial (...) aufgenommen werden« (Steigleder, 2008, S. 93). Relevant für die Untersuchung sind als Kodiereinheiten sowohl Sinnabschnitte des Datenmaterials als auch einzelne Satzfragmente.

---

[18] Macht und Autorität als Ausdruck des Führungsstils, Entscheidungsbefugnis vordergründig in der oberen Hierarchie

6.7 Empirisch-qualitative Gütekriterien

Analog zu den quantitativen Methoden können qualitative Untersuchungen anhand von wissenschaftlichen Gütekriterien beurteilt werden (vgl. Lamnek, 2010, S. 161). Somit folgt eine Reflexion über die Güte der durchzuführenden Analyse. Mayring stellt insgesamt 6 allgemeine Gütekriterien (vgl. Mayring, 2002, S. 144ff/Lamnek, 2010, S. 131) qualitativer Forschung vor (Verfahrensdokumentation, argumentative Interpretationsabsicherung, Regelgeleitetheit, Nähe zum Gegenstand, kommunikative Validierung, Triangulation). Einerseits flossen sie in die bisherigen Betrachtungen ein, andererseits lassen sie sich nicht überschneidungsfrei von den verbleibenden »Hauptgütekriterien« trennen.

Reliabilität
Auf eine umfangreiche Auseinandersetzung hinsichtlich der Zuverlässigkeit der Untersuchung wird verzichtet. Das Reliabilitätsverständnis ist klar einer naturwissenschaftlichen quantitativen Methodik unterstellt. Dieses Verständnis läuft einem sozialwissenschaftlich qualitativen Verstehensprozess zuwider (ebd., S. 149).

Aufgrund der Vielzahl der hervorgebrachten Ergebnisse durch unterschiedliche Methoden wird weitestgehend eine Methodenungebundenheit angenommen, die als Hauptkriterium reliabler Ergebnisse angesehen werden kann (vgl. Lamnek, 2010, S. 151). Weiterhin strebt eine qualitative Untersuchung reliable Ergebnisse durch eine intersubjektive Nachvollziehbarkeit an (ebd., S. 149); die umfangreiche methodische Darstellung erfüllt diesen Anspruch.

Desweiteren wurde die Analyse zu unterschiedlichen Messzeitpunkten erhoben. Zum ersten Messzeitpunkt wurden insgesamt 251 Codings zugeteilt. Zum zweiten zeitlich später liegenden Analysezeitpunkt konnten sie durch 32 neu gefundene Textstellen ergänzt werden und zählten insgesamt 283 Kodierungen. Insgesamt wichen 25 voneinander ab. Somit stimmten insgesamt 226 Kodierungen überein.

Prüft man anhand jener quantitativen Darstellung der Kodierungshäufigkeiten die Intracoderreliabilität[19] errechnet sich ein Quotient von 0,846. Anhand eines solchen Wertes kann die Untersuchung in Bezug auf die Intracoderreliabilität als hinreichend zufriedenstellend beurteilt werden. Dies bedeutet, dass bei einem Auftreten von systematischen Meßfehlern diese Untersuchung noch als zufriedenstellend reliabel angesehen werden könnte. Wenngleich diese Überprüfung eher den quantitativen Methoden zugeordnet werden muss,

---

[19] vgl. http://i-literacy.e-learning.imb-uni-augsburg.de/node/822

findet sie zunehmend Berücksichtigung im qualitativen Bereich (vgl. Atteslander, 2008, S. 192ff.).

Objektivität:
Die qualitative Inhaltsanalyse bietet durch ihre offene Form der Standardisierung eine grundlegende Auswertungsobjektivität. Objektivität wird weiterhin durch die geschlossene, rein deduktive Kategorienbildung gewährleistet. Eine rein deduktive Kategorienbildung nonreaktiver Verfahren beinhaltet

> »(...) entweder verdeckte Beobachtungen (die keine Störungen der natürlichen Situation hervorrufen oder indirekte Beobachtungen, die menschliches Erleben und Verhalten indirekt aus Dokumenten, Spuren, Rückständen erschließen, wobei Sammeln, Lesen und Dokumentenanalysen die Hauptaktivitäten darstellen« (Bortz et al., 2010, S. 326).

Die verbale und nonverbale Beeinflussung der Forschung durch nicht kontrollierte Merkmale des Untersuchungsinstruments, Verhaltensweisen des Befragten oder Befragenden sowie der Untersuchungssituation im Sinne des »Pygmalioneffektes«[20] kann weitestgehend ausgeschlossen werden (vgl. Diekmann, 1995, S. 520). Durch eine nicht stattgefundene mögliche Beeinflussung der Forschung (in Richtung der Vorannahmen und des Erkenntnisinteresses des Untersuchungsleiters) konnte die Durchführungsobjektivität gesteigert werden. Die Verwendung nonreaktiver Verfahren stellt für die Motivationstheorie keine Neuheit dar, so konnten bspw. die Ergebnisse des Einflusses der Leistungsmotivation auf das Wirtschaftswachstum durch McClelland (1961) hervorgebracht werden (ebd., S. 543).

Validität
Grundsätzlich werden aufgrund der unterschiedlichen Veränderungen des pädagogischen Feldes zunehmend Implementierungen von Qualitätsmanagementsystemen gefordert (vgl. Kapitel 2.3). Die Überprüfung von motivationstheoretischen Adressierungen entspricht weitestgehend der alltäglichen Realität nach LQW zertifizierter Einrichtungen. Die »Gültigkeit im natürlichen Lebensraum der Untersuchten« (vgl. Lamnek, 2010, S. 138) wird angenommen, was einer ökologischen Validität entspricht (ebd.).

---

[20] auch Rosenthal-Effekt, u.a. auch bekannt als »sich-selbst erfüllende Prophezeiungen«

Alle hervorgebrachten Ergebnisse werden durch externe Leser unterschiedlicher Fachrichtungen nachvollzogen und hinsichtlich der kategorialen Ausprägungen rücküberprüft.

»Ebenso wie bei der Validierung von Daten, wird auch bei der Validierung von Interpretationen der interpersonale Konsens als Gütekriterium herangezogen (...). Eine Konsensbildung in einem heterogenen Forscherteam ist ein stärkeres Indiz für die Validität als ein Konsens der unter eingeschworenen Vertretern derselben »Schule« erreicht wird und somit anfälliger für eine kollektiv verzerrte Sichtweise ist (...). Eine Interpretation sollte systematisch darauf überprüft werden, welche Alternativdeutungen möglich sind und inwiefern sich das präferierte Modell als das überlegene begründen lässt« (Bortz et al., 2010, S. 335).

Die erwähnte Hinzuziehung von Hintergrundinformationen (hinsichtlich der kategorialen Einordnung) ist als eine Validierung der Ergebnisse anzusehen (vgl. ebd., S. 326). Weiterhin wird durch die rein deduktive Kategorienbildung und der damit verbundenen Plausibilität der Kategoriendefinition (und durch umfangreiche empirische Überprüfungen) die Validität weiter gesteigert (vgl. Atteslander, 2008, S. 191).

7 Ergebnisse

Die Darstellung der Untersuchungsergebnisse erfolgt in drei Schritten. Im ersten Schritt werden die Vorteile der quantitativ deskriptiven Analysemethoden für die qualitativ gewonnenen Daten genutzt (vgl. Kapitel 6.3). Hierzu erfolgt ein differenzierter Gesamtüberblick der vorgenommenen Kodierungen. Eine frequenzanalytische Aufbereitung der Kodierungshäufigkeiten und deren quantitative Darstellung dienen dazu.

Im zweiten Schritt werden die Ergebnisse (anhand der Analysedimensionen), in Verbindung mit den einzelnen Qualitätsbereichen, betrachtet. Dafür werden die erzielten Ergebnisse quantitativ, deskriptiv und anschließend inhaltlich dargestellt und erörtert. Abschließend werden die motivationsrelevanten Dimensionen betrachtet. Zum Zwecke der Übersichtlichkeit und besseren Organisation, erfolgt die Ergebnisdarstellung der aus dem JDS abgeleiteten Dimensionen anhand der Vorgehensweise: *quantitative Ergebnisdarstellung, qualitativ-inhaltliche Ergebnisdarstellung und Zusammenfassung*. Da die zu formulierenden Erträge auf die qualitative Untersuchung aufbauen, ist der hohe Anteil an quantitativen Ergebnissen erforderlich.

Zuletzt wird das untersuchte Datenmaterial zwischen Arbeitshilfen und Qualitätswerkzeugen unterschieden und beschrieben. Zum Verständnis der Ergebnisse ist eine Reflexion des Verstehensprozesses unumgänglich, welche in Kapitel 6 dargestellt wurden. Bei den erzielten Ergebnissen kann nicht von tatsächlichen Wirkungen ausgegangen werden, auf diese im Folgenden nicht eingegangen wird. Die LQW formuliert Anforderungen und Steuerungsabsichten innerhalb der jeweiligen Qualitätsbereiche. Aus den wissenschaftlichen Erarbeitungen des Job Diagnostics Survey (in Anlehnung an das Job Characteristics Model) wurden motivationsrelevante Dimensionen der Arbeitsplatzgestaltung abgeleitet und dazu genutzt, die Adressierung motivationshemmender und -fördernder Charakteristika (in der Umsetzung der Steuerungsabsichten hinsichtlich der Arbeitsplatzgestaltung) transparent werden zu lassen.

7.1 Frequenzanalytischer Allgemeinüberblick

Insgesamt wurden 283 Textstellen kodiert und einer der sieben Analysedimensionen zugeordnet. Während sich die Codings[21] für die Dimensionen *Anforderungsvielfalt*, *Aufgabengeschlossenheit* und *Bedeutsamkeit der Arbeit* ausgewogen darstellen, sind die Codinghäufigkeiten für *Autonomie* und *soziale Beziehungen* im arithmetischen Mittel um 50% höher und steigen um weitere 47% für den Bereich *Rückmeldungen* bzw. 20% im Bereich Feedback. Abbildung 20 stellt die Kodierungshäufigkeiten dar. Fasst man die Ergebnisse für die beiden quantitativ stärksten Dimensionen zusammen, welche Informationen über ein effizientes Arbeiten des Mitarbeiters (durch die Arbeitsaufgabe selbst und durch »Externe«) verdeutlichen zeigt sich, dass 40% der Kodierungen in diesen Bereich fallen. Damit kann der LQW eine kommunikationsfördernde Arbeitsplatzgestaltung zugesprochen werden, welche im Stande ist, vor allem implizit motivationsfördernd auf den Mitarbeiter einzuwirken. Die Förderung des Aufbaus sozialer Beziehungen durch die Arbeitsplatzgestaltung verstärkt dies. Weiterhin lässt sich in allen Qualitätsbereichen die Umsetzung von Steuerungsintentionen finden, welche motivationsrelevante Dimensionen adressieren.

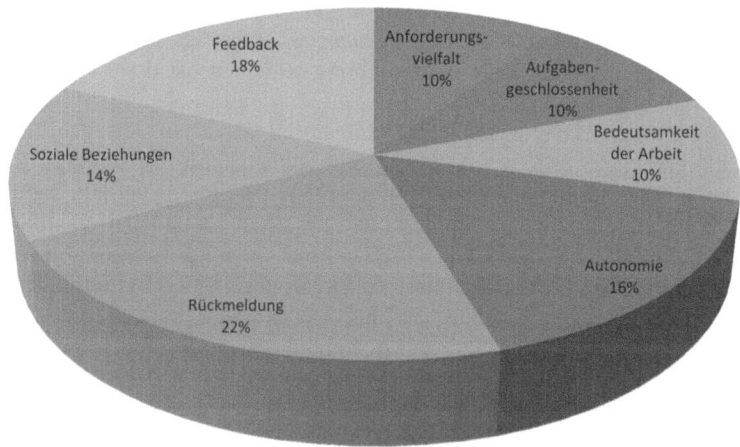

Abbildung 20: Kodierungshäufigkeiten

---

[21] engl., synonym zur Verwendung von Kodierungen

Wie sich in Abbildung 22 zeigt, stellen 85% der Codings motivationsfördernde Aspekte in direkter/expliziter und indirekter/impliziter Form dar. Insgesamt zeigten sich 15% motivationshinderliche Faktoren. Sowohl motivationsfördernde als auch -hemmende Aspekte, werden durch insgesamt 65% implizite und 35% explizite repräsentiert. Dies bedeutet, dass sich ein Großteil der Ausformulierungen von Steuerungsabsichten (innerhalb der LQW) weder direkt auf den Mitarbeiter bezieht, noch vordergründig intendiert ist. Arbeitsstrukturierende und motivationsrelevante Veränderungen der Arbeitsplatzgestaltung dienen demzufolge der Verwirklichung organisationaler Ziele.

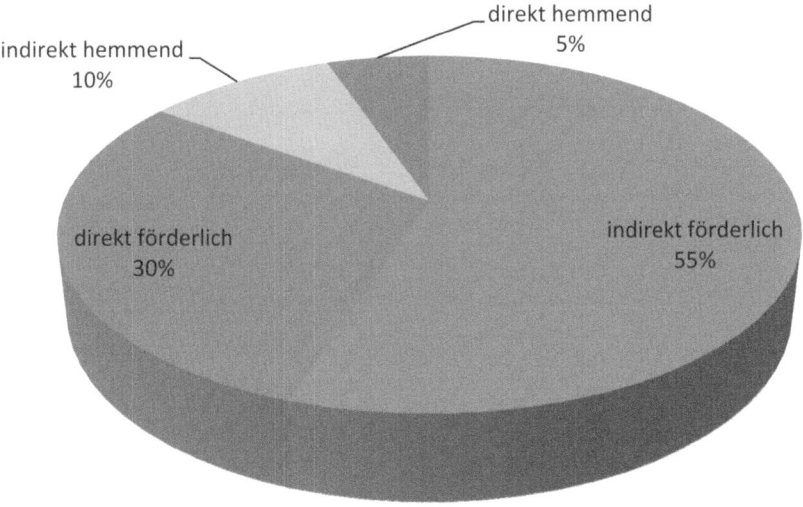

Abbildung 21: Differenzierte Betrachtung der Kodierungshäufigkeiten

Die den Analysekategorien zugeteilten Kodierungen verteilen sich zu 41% auf die Qualitätswerkzeuge und 59% auf die Arbeitshilfen. Dies resultiert daraus, dass die Qualitätswerkzeuge mehr nicht-schriftliches Material boten, die Arbeitshilfen im Gegenzug dazu mehr Textmaterial zur Verfügung stellten. Es sei erwähnt, dass bei der Kodierung nicht-schriftliches Material berücksichtigt wurde.

Die Verteilung der durchgeführten Kodierungen über die einzelnen Qualitätsbereiche ist Abbildung 22 zu entnehmen.

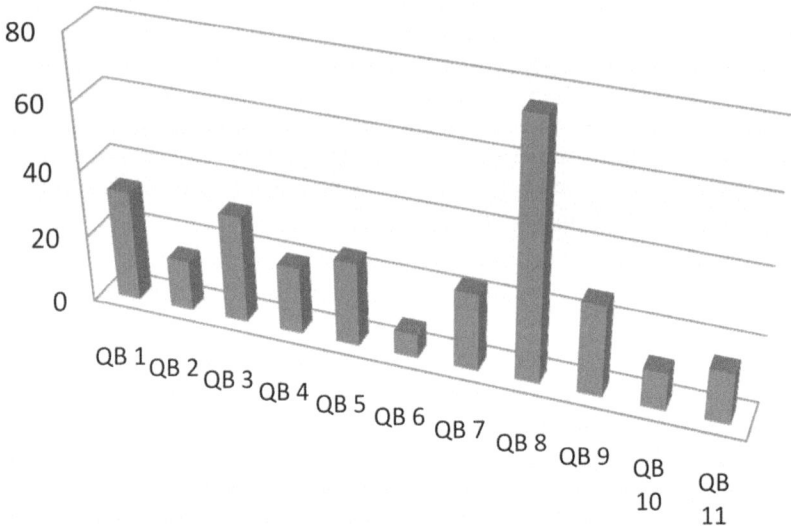

Abbildung 22: Verteilung nach Qualitätsbereichen

Qualitätsbereich 6, welcher sich mit infrastrukturellen Gegebenheiten auseinandersetzt, enthält 2% der Kodierungen. Diese fassen die impliziten motivationalen Bezüge zusammen, die sich aus den infrastrukturellen Gestaltungen ergeben. Die größten Motivierungspotenziale sind dem Qualitätsbereich 8 zuzuordnen, der sich mit dem Personal einer Einrichtung auseinandersetzt

Die Verteilung der Kodierungshäufigkeiten in Hinblick auf die unterschiedlichen Qualitätsbereiche (in Bezug zu den »Motivationsdimensionen«), kann nachfolgender Abbildung entnommen werden.

Ergebnisse 105

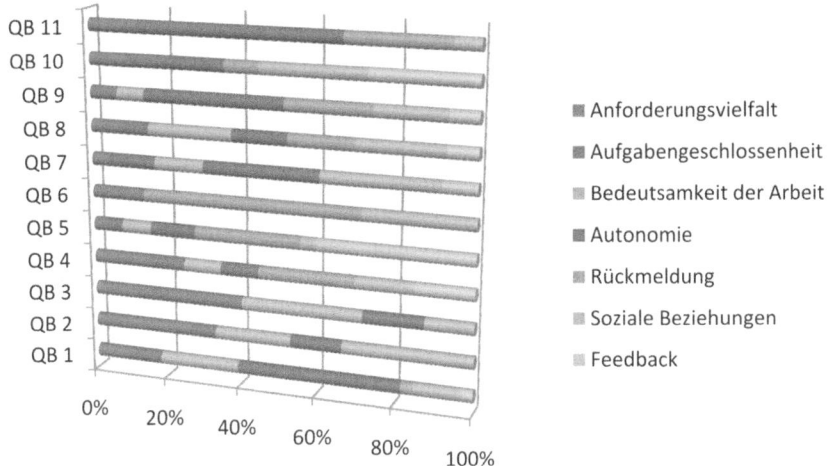

Abbildung 23: Dimensionen der Motivierung nach Qualitätsbereichen

7.2 Motivierungspotenziale

Die Ergebnisdarstellung der unterschiedlichen Dimensionen von Motivierung in Bezug auf die Arbeitsplatzgestaltung (im Rahmen des Qualitätsmanagements), folgt dem beschriebenen Analysevorgang. Dementsprechend werden die hervorgebrachten Ergebnisse anhand der motivationsrelevanten Dimensionen vorgestellt.

7.2.1 Anforderungsvielfalt

Quantitative Ergebnisdarstellung
Hinsichtlich der Anforderungsvielfalt konnten entsprechende Adressierungen über alle Qualitätsbereiche hinweg identifiziert werden. Mit 89% fällt ein eindeutiges Übergewicht für die «motivationsfördernden Adressierungen»[22] auf,

---

[22] Weder Wirkungen, noch Adressierungen selbst können motivationsbeeinflussend wirken, als vielmehr das von Ihnen Angesteuerte. Der einfacheren Lesbarkeit wird dennoch auf die Formulierungen nicht verzichtet.

während die motivationshinderlichen lediglich 11% einnehmen. 19 der 28 gefundenen Textstellen entstammen den Arbeitshilfen und neun den Qualitätswerkzeugen. Diese verteilen sich zu 64% auf indirekte und 36% auf direkte Adressierungen.

Qualitativ-inhaltliche Ergebnisdarstellung
Unter den direkten Intentionen werden explizite (im direkten Bezug zur alltäglichen Arbeitsaufgabe stehende) Arbeitsinhalte subsumiert. Dazu zählen notwendige Inhalte, wie z.B. die Verdeutlichung von Beratungs- und Förderungstätigkeiten der Lehrenden und notwendige raumdidaktische Kompetenzbereiche, welche abwechslungsreiche Tätigkeitsfelder eröffnen. Weitere Inhalte können durch das Modell initiierte, mögliche qualitätsbezogene Inhalte der Arbeitsaufgabe sein, die den täglichen Arbeitsvollzug variabel gestalten. Dies betrifft u.a. Evaluationsaufgaben, die im Rahmen des Qualitätsmanagements zu leisten sind.

Die impliziten Motivationspotenziale hinsichtlich der Anforderungsvielfalt entstehen bei der Einbindung der Mitarbeiter in den Qualitätsentwicklungsprozess. Diese Aufgabenbereiche stehen nicht im direkten Zusammenhang zu den Mitarbeitern, sondern dienen vordergründig übergestellten organisationalen Zielen und gestalten eher unregelmäßig die Tätigkeit der Mitarbeiter. Hierunter fallen die anfänglich zu leistende Arbeit mit der Leitbildentwicklung, Analysetätigkeiten, Teilhabe an Fortbildungsplanungen und (durch Qualitätswerkzeuge angeregte) Arbeitsformen, wie die Fokusgruppe (als Verfahren der Bedarfserschließung) innerhalb des Qualitätsbereiches 2.

> »Es lohnt sich in jedem Fall, die zugänglichen Informationen über Zukunftstrends und Entwicklungen im Bildungsbereich systematisch auszuwerten und die Relevanz verschiedener Szenarien für die eigene Organisation zu prüfen. Eine Gruppe aus Mitarbeitenden, die sich dieser Auswertung widmet, sollte sich möglichst aus Fachleuten verschiedener Wissensgebiete und Abteilungen zusammensetzen, um verschiedene Perspektiven zu kombinieren« (ArtSet GmbH, 2006, S. 6).

Zusammenfassung
Die Anforderungsumsetzung in den einzelnen Qualitätsbereichen bezieht sich nicht auf die Mitarbeiter und deren Erledigung der Arbeitsaufgabe, sie ist auf organisationale Zielerreichung ausgelegt. Die mitarbeiterbezogenen, qualitativen Arbeitsplatzerweiterungen zielen auf eine direkte Arbeitsplatzanreicherung und werden implizit (vor allem durch partizipative Prozesse bei der Qualitätsentwicklung) gesteuert.

7.2.2 Aufgabengeschlossenheit

Quantitative Ergebnisdarstellung
Für den Bereich der Aufgabengeschlossenheit können zu 100% motivationsfördernde Realisierungen der Anforderungen beschrieben werden. Jene sind zu 59% direkt und zu 41% indirekt fördernd. Diese Ergebnisse weichen von der vorherigen Definition ab, da die Dimension der Aufgabengeschlossenheit in einem expliziten Bezug zur Arbeitstätigkeit steht. Die Codings verteilen sich zu 70% auf die analysierten Arbeitshilfen und zu 30% auf die Qualitätswerkzeuge. Während sich motivationsrelevante Steuerungsabsichten über alle Qualitätsbereiche, mit einer Spannweite von 0 bis 8%, ausgewogen verteilen, zeigen sich die größten Potentiale in den Qualitätsbereichen 3 und 8. Für die Dimension der Aufgabengeschlossenheit lässt sich feststellen, dass die Verbesserung der Arbeitsbedingungen (durch exakte Verfahrensanweisungen innerhalb des Qualitätsmanagementsystems) den organisationalen Zielen dient und einen klaren Mitarbeiterbezug aufweist.

Qualitativ-inhaltliche Ergebnisdarstellung
Analyseeinheiten der Qualitätsbereiche Schlüsselprozesse einer Unternehmung und Personal, beziehen sich eindeutig auf Verfahrensanleitungen des Arbeitens, in denen die Aufgabenbereiche der Mitarbeiter klar umrissen sind. Zu diesen Dokumenten zählen Aufschlüsselungen einzelner Arbeitsschritte in schriftlicher Form, definierte Prozesse als Handlungsanleitungen, die Darlegung der einzelnen Prozesse (hinsichtlich existenzieller Teilfunktionen der Gesamtunternehmung) sowie Satzungen und Aufgabenprofile. Sie haben direkten und expliziten motivationalen Einfluss auf Mitarbeiterebene.

> »Im Idealfall sollte jemand ohne detaillierte Sachkenntnis einen definierten Prozess als Handlungsanleitung, d.h. als »Gebrauchsanweisung", nutzen können und auf dem vorgezeichneten Weg anhand der beschriebenen Tätigkeiten, mit Hilfe der Arbeitsmaterialien und in der angegebenen Zeit das angestrebte Ergebnis erreichen können. (…) Jeder dieser Schlüsselprozesse ist eine in sich abgeschlossene Sequenz, an deren Abschluss eine existenzielle Funktion für die Organisation wahrgenommen wurde« (ArtSet GmbH, 2007, S. 3,5).

Implizite Mittel zur Förderung der Aufgabengeschlossenheit, können in der unternehmensbezogenen Steuerung der Mitarbeiter gesehen werden. Dazu zählen weiterhin Qualitätsanforderungen, wie das Leitbild, Führung durch Unternehmensgrundsätze, Visionen und Zielvereinbarungen. All diese Mittel stehen in Verbindung mit Werten, Normen und Idealen sowie visionärer Sollzustände, die dem Arbeitsverhalten der Mitarbeiter eine Verpflichtung der Organisation gegenüber zuteilen und das Handeln indirekt steuern. Der scheinbar potenziell unendlichen Vielfalt möglicher Handlungsmuster der Mitarbeiter wird ein Rahmen gegeben, welcher impliziten Einfluss auf die Ausführungslogik der Tätigkeiten hat und die Arbeitsaufgabe eingrenzt.

Nach genauerer Betrachtung der Dimension der Aufgabengeschlossenheit fällt auf, dass fördernde Bedingungen in einem möglichen negativen Zusammenhang mit der Autonomie stehen könnten. Die unternehmerische Steuerung anhand klarer Formulierung über die durchzuführende Arbeitsaufgabe, welche eine klare Definition mit erkennbarem Anfang und Ende der Tätigkeit gibt, schränkt eine zunehmende Selbstverantwortung ein. Dies bedeutet nicht, dass eine zunehmende Selbstverantwortung nicht möglich ist. Hier wird der Führung einer Organisation zuteil, sich mit dieser paradoxen Angelegenheit auseinander zu setzen.

Zusammenfassung
Motivationsfördernde Adressierungen hinsichtlich der Aufgabengeschlossenheit können in allen Qualitätsbereichen festgestellt werden. Diese Verfahrensanleitungen können als ausschließlich fördernd beschrieben werden, stehen jedoch in einer Wechselbeziehung zu der Dimension der Autonomie und beeinflussen diese motivationshemmend. Während die Qualitätsbereiche Schlüsselprozesse und Personal sich vorwiegend auf Aspekte der Aufgabengeschlossenheit beziehen, sind Ausführungen anderer Qualitätsbereiche dazu kaum im Stande.

7.2.3 Bedeutsamkeit der Arbeit

Quantitative Ergebnisdarstellung
Für den Bereich der Bedeutsamkeit der Arbeit konnten ebenfalls keine hemmenden Faktoren benannt werden. Insgesamt 46 Kodierungen bezogen sich auf fördernde Bedingungen. Diese verteilten sich zu 44% auf den Bereich der direkten und 56 % der implizit/indirekten Förderung. Ein Vergleich der unterschiedlichen Dokumente des Datenmaterials fällt relativ ausgewogen aus. Insgesamt 56% der Kodierungen entfallen auf die Arbeitshilfen und 46% sind den Qualitätswerkzeugen zuzuordnen. Knappe 50 % der Codings fanden sich in Qualitätsbereich 3 und 8. Davon stehen 8 % im Zusammenhang mit den Schlusselprozessen und 37% mit dem Personal.

Die Steuerungsabsichten weisen ein ausgeglichenes Verhältnis zwischen Organisations- und Mitarbeiterbezug aus. Ausschlaggebend dafür sind die Adressierungen, die sich aus dem Qualitätsbereich Personal ergeben.

Qualitativ-inhaltliche Ergebnisdarstellung
Die direkten Motivierungspotenziale stehen in einem engen (nicht empirisch überprüften) Zusammenhang mit der Dimension der Aufgabengeschlossenheit, welche durch die genaue Definition der Arbeitstätigkeit innerhalb der Schlüsselprozesse den Wert für die Gesamtunternehmung und den Stellenwert des Mitarbeiters verdeutlichen.

»Mitarbeitende sind auf die Vorarbeiten ihrer Kollegen angewiesen und ihre Leistung ist wiederum Voraussetzung dafür, dass andere Kollegen anschließend weiterarbeiten können. Jede Person ist somit für das Gesamtergebnis (mit-)verantwortlich, obwohl jede Einzelarbeit nur einen Teil zur Gesamtleistung beiträgt. Tätigkeiten, die für sich allein betrachtet wenig bedeutend erscheinen, können durch prozessorientiertes Denken und die Verdeutlichung der Bedeutung der einzelnen Tätigkeit für die gesamte Organisation aufgewertet werden, was einen positiven Effekt auf die Motivation und das Verantwortungsbewusstsein der Ausführenden haben kann« (ArtSet GmbH, 2007, S. 2f.).

Der Erhebung der Mitarbeitermeinung im Rahmen der Qualitätswerkzeuge kann eine direkt fördernde Adressierung zugesprochen werden. Werden Mitarbeiter im Qualitätsbereich Führung hinsichtlich ihrer Meinung zu dem Leitungspersonal befragt, vermittelt dies ein Gefühl von Wichtigkeit des Mitarbeiters. Dies stärkt die Position, die er innerhalb der Organisation inne hat. Die seitens der Qualitätswerkzeuge vorgeschlagenen Befragungen innerhalb personalentwicklerischer, wertschöpfender Bemühungen stehen für das Schaffen eines Bewusstseins hinsichtlich der Stellung im »eigenen« Unternehmen und der damit einhergehenden Wichtigkeit der eigenen Person.

Indirekte/implizite Adressierungen werden über partizipative Strukturen erreicht. Eine Mitbestimmung bei der Leitbildentwicklung kann ein Gefühl der Wichtigkeit vermitteln. Die Aushändigung des Leitbildes an den Mitarbeiter sowie eine eventuelle namentliche Nennung, verdichtet dies und kann im Privatleben präsentiert werden. Wenn innerhalb der Bedarfserschließung Trends, gesellschaftlicher Bedarf usw. ermittelt werden, ist es möglich, dass der Mitarbeiter die Wichtigkeit seiner Arbeit gegenüber dem Klienten erfährt.

Der Auseinandersetzung mit den Kompetenzen der Lehrenden (mit Blick auf das Gesamtsystem), und die Vorstellung dieser innerhalb von Programmheften, Newslettern und dergleichen, kann eine wertschöpfende Funktion zugesprochen werden. In Verbindung mit den Gesamtzielen der Organisation können vordergründig die Mitarbeiter vorgestellt werden, implizit erfährt das Individuum dadurch eine Wertschätzung, welche ihren persönlichen Beitrag zur zielbezogenen Gesamtleistung verdeutlicht.

Zusammenfassung
In erster Linie werden arbeitsplatzstrukturierende Maßnahmen (hinsichtlich der Erhöhung einer erlebten Bedeutsamkeit) der eigenen Arbeit durch die Qualitätsbereiche Personal und Schlüsselprozesse adressiert. Für den Qualitätsbereich Schlüsselprozesse fällt eine Interdependenz[23] mit der Dimension Aufgabengeschlossenheit auf. Die genaue Definition von Schlüsselprozessen führt zu einer Verdeutlichung der Wichtigkeit der eigenen Arbeit für die Gesamtunternehmung. Für den Bereich der impliziten Adressierungen, zeigt sich eine Wechselwirkung mit der Dimension Autonomie, welche über Mitarbeiterpartizipation gesteuert wird.

7.2.4 Autonomie

Quantitative Ergebnisdarstellung
Im Bereich der Autonomie verteilen sich die Kodierungen zu 68% auf die Arbeitshilfen und 32% auf die Qualitätswerkzeuge. 35% fördernden Faktoren stehen insgesamt 65% hemmende gegenüber.

Während die bisher geschilderten Dimensionen sich in der Mehrheit durch fördernde Kodierungshäufigkeiten auszeichnen, kann dieser Sachverhalt hier nicht bestätigt werden.

Die fördernden Kodierungshäufigkeiten sind zu 27% direkter und zu 73% indirekter Eigenschaft. Die hemmenden Kodierungen zeichnen sich durch ein Übergewicht hinsichtlich indirekt/impliziter Adressierungen aus, welche auf 67,5% (entgegen 32,5% direkt hemmender Fundstellen) zu beziffern sind.

Insgesamt 92% der Gesamthäufigkeiten verteilen sich auf die Qualitätsbereiche 1, 8, 9 und 11 (QB 1 23%, QB 8 18%, QB 9 16%, QB 14 35%), auf die innerhalb dieses Kapitels der Fokus gerichtet wird.

---

[23] wechselseitige Abhängigkeit

Ergebnisse 111

Qualitativ-inhaltliche Ergebnisdarstellung
Sowohl die implizit als auch explizit fördernden Aspekte, stehen im Zusammenhang mit der Mitarbeiterpartizipation. Dabei unterscheiden sich diese dahingehend, ob die Verantwortungsübernahme im direkten Bezug zur ausgeführten Arbeitstätigkeit steht oder der Steigerung der Gesamtleistung dienlich sein soll, und indirekte Auswirkungen auf den Arbeitsvollzug hat.

Sich direkt auf den Arbeitsvollzug auswirkende hemmende Wirkungen, stehen im Zusammenhang mit der Aufgabengeschlossenheit, die den Interpretationsspielraum der Arbeitsausführung enger fassen. Sowohl definierte Schlüsselprozesse, die Verpflichtung zur Durchführung von Evaluationen im Qualitätsbereich 5, als auch die Notwendigkeit klarer Führungsstrukturen, wirken sich ebenso hemmend auf die individuelle Gestaltung der Arbeitstätigkeit aus, wie Vorgaben des Controllings. Diese Vorgaben zur Handlungsumsetzung und die Nachsteuerung zur Zielerreichung (durch die Balance Score Card) schränken das Handeln der Mitarbeiter ein.

Implizite Wirkungen sind ebenfalls organisationsbezogenen Steuerungsmechanismen zuzuschreiben, die (ausgehend von der Leitbilddefinition, Bedarfsschließung und dem Controlling) eine grobe Handlungsstruktur geben, welche sich differenzierter auf die Arbeitstätigkeiten auswirkt.

Die Orientierung des Organisationshandelns, in Bezug auf strategische Entwicklungsziele, kann ebenfalls als Einschränkung in der Ausgestaltung des eigenen Lehrhandels gesehen werden.

Elemente der Arbeitsplatzgestaltung, motivationsfördernder Adressierung, zeichnen sich durch eine Erhöhung der Mitarbeiterverantwortlichkeit aus, welche durch partizipative Strukturen gesteuert werden und zugleich auch motivationshemmend sein können.

»Führung beginnt, wenn Menschen ihre Arbeit organisieren und dabei sich selbst, ihre Zeiten und die Inhalte ihrer Arbeit planen und durchführen. (...) Vor dem Hintergrund der hohen Eigenkomplexität künftiger Organisationen entsteht für Führung die paradoxe Anforderung, einerseits die weitgehend autonomen Subsysteme in ihrer eigensinnigen Funktionsweise zu fördern, sie aber gleichzeitig in ihrer Autonomie im Interesse der Überlebensfähigkeit des Ganzen zu begrenzen« (ArtSet GmbH, 2006, S. 2).

Zusammenfassung
Die aus dem Job Diagnostics Survey erarbeitete Dimension zeigt ein eindeutiges Ungleichgewicht zu Gunsten von Steuerungsintentionen, welche einer motivationshemmenden Adressierung unterliegen. Diese lassen sich nicht über alle Qualitätsbereiche finden, sondern beschränken sich auf einige wenige, die durch eine

klare organisationale Steuerungsabsicht autonomiehemmend in Erscheinung treten. Der Anteil von motivationsförderlichen Adressierungen wird vor allem durch partizipative Strukturen erreicht.

7.2.5 Rückmeldung

Quantitative Ergebnisdarstellung
Für die Dimension Rückmeldung sind 71% der Codings zu den Arbeitshilfen zu rechnen, während 29 % in den Qualitätswerkzeugen zu finden sind. An dieser Stelle blieb die Analyse hemmender Adressierungen erfolglos und es wurden ausschließlich fördernde Analyseeinheiten gezählt. Von diesen entfallen 20% auf explizit/direkt und 80% auf indirekt/implizit Fördernde.

Am stärksten vertreten sind die Qualitätsbereiche 5 und 8. Während sich im Qualitätsbereich 5 Evaluation 17% der Kodierungen finden, sind es 31% im personalbezogenen Qualitätsbereich 8. Obwohl Evaluation die Bewertung zum Ziel hat, was unweigerlich mit Rückmeldung verbunden ist, kann ein weitaus höherer Anteil im Qualitätsbereich 5 festgestellt werden.

Qualitativ-inhaltliche Ergebnisdarstellung
Für diesen Bereich wurden die Kodierungen nicht überschneidungsfrei zugeordnet. Einige der gefundenen Textstellen, welche auf direkte und explizite Steuerungsintentionen schließen lassen, wurden ebenfalls indirekten Anforderungen zugeordnet. Dies lag daran, dass versucht wurde, die jeweiligen Gesichtspunkte dahingehend zu unterscheiden, ob sie in einem direkten Zusammenhang mit der alltäglichen Arbeitsaufgabe stehen und einen »ununterbrochenen Einfluss ausüben«, sie vornehmlich organisationalen Zwecken zugeordnet werden können oder, andererseits Bedeutung für die Arbeitsaufgabe haben. Das bedeutet, dass diese nicht den benannten ununterbrochenen Einfluss ausüben. Zu berücksichtigen ist, dass Mitarbeiterentwicklungsgespräche zwar in der konkreten Ausführung direkte Rückmeldung zu geben vermögen, dies jedoch auf indirektem Wege geschieht. Treffen diese Zuordnungen zu, wird von einer indirekten Adressierung ausgegangen.

Die kontinuierliche Reflexion des Lernerfolges und die Beratung der Lehrenden durch die Organisation (hinsichtlich des Lehr-Lernprozesses) fördert eine kontinuierliche Reflexion über die Stärken und Schwächen im eigenen Unternehmen. Hier dürfte es schwer sein, nicht bewertend zu beraten.

Der Qualitätsbereich 8 sieht die Erstellung von Kompetenzprofilen vor, welche eine Stärken- und Schwächenanalyse des Mitarbeiters voraussetzen. Es ist davon auszugehen, dass kritische Punkte nicht mit einfließen, jedoch kann bezüglich der Kompetenzen, von einer positiven Rückmeldung ausgegangen werden. Das Mitarbeiterentwicklungsgespräch setzt auf eine konkrete und direkte Bewertung der Arbeitssituation, die in der ersten Phase des Gesprächs, durch eine Stärken- und Schwächenanalyse »eingeläutet« wird. Sowohl die Kompetenzformulierung für eine mögliche Steigerung der Beschäftigungschancen, als auch der erforderliche Abgleich im Qualitätsbereich 4, der eigenen Lehrhandlung zur Überprüfung der Zielerreichung, geben die Möglichkeit, dass Lehrende indirekt eine Rückmeldung über ihre geleistete Arbeit erhalten. Einer ähnlichen Systematik folgen die Evaluationsinstrumente des Qualitätsbereiches 5.

»Evaluation bedeutet übersetzt Erfassen und *Bewerten*. Pädagogische Evaluation dient der ganzheitlichen Bewertung von Lernumgebungen und Lehrverhalten, Lernprozessen und Lernerfolgen. (…) Auf der allgemeinsten Ebene ist Evaluation ein nachprüfbares Verfahren des Erhebens und *Bewertens* (…). Im Regelfall enthalten die Fragebögen zur Seminarevaluation Aussagen zu der Einschätzung der Arbeit der Lehrenden durch die Teilnehmenden. Zwingend ist in jedem Fall, dass die Evaluationsergebnisse an die Lehrenden rückgekoppelt werden, damit diese sie kommentieren und Schlussfolgerungen für ihre eigene Arbeit daraus ziehen können. Dafür empfiehlt sich vor allem eine schriftliche Rückmeldung. Die Rückmeldung der Evaluationsergebnisse kann eine wichtige Rolle bei der »Beratung und Förderung der Lehrenden durch das pädagogische Personal «spielen« (ArtSet GmbH, 2007b, S. 1,2 und 6, Hervorhebung durch den Verfasser).

Es ist davon auszugehen, dass Fragebögen zur Seminarevaluation in den seltensten Fällen durch die Lehrenden überprüft werden, jedoch bieten sie die Möglichkeit an.

Zusammenfassung
Dem Mitarbeiterentwicklungsgespräch, Controlling und Qualitätsbereich 11 (Strategischen Entwicklungsziele) sind fördernde Adressierungen zuzusprechen. Während Erstere primär auf den Mitarbeiter gerichtet sind, dienen die weiteren Qualitätsbereiche vor allem organisationaler Zielerreichung. Alle drei Bereiche regen, durch notwendige Stärken- und Schwächenanalyse sowie Reflexion über den Grad der individuellen Zielerreichung, die Möglichkeit einer impliziten Rückmeldung an, auch wenn diese vordergründig nicht intendiert ist.

7.2.6 Soziale Beziehungen

Quantitative Ergebnisdarstellung
Die Förderung sozialer Beziehungen konnte in allen Qualitätsbereichen nachgewiesen werden. Innerhalb der Kategorie sind keine Zuordnungen zu hemmenden Einflussfaktoren getätigt worden. Diese Kodierungen verteilen sich in einem ausgeglichen Verhältnis über die Arbeitshilfen (52%) und Qualitätswerkzeuge (48%). Während 40% der Codings eine direkt fördernde Adressierung zugesprochen werden konnte, sind 60% implizit. Mit ca. einem Drittel der Kodierungen ist der Qualitätsbereich 8 (Personal) am stärksten vertreten.

Qualitative-inhaltliche Ergebnisdarstellung
Als explizit werden Möglichkeiten und Anforderungen zusammengefasst, die im Rahmen der Arbeitsaufgabe Kommunikationsmöglichkeiten vorsehen, diese können kollegial oder in einer hierarchischen Beziehung auftreten. Die Umsetzung innerhalb verschiedener Qualitätsbereiche erfordert eine konkrete Zusammenarbeit mit anderen Stellen und Menschen.

»Schließlich trägt es erheblich zur pädagogischen Professionalität einer Bildungsorganisation bei, wenn sich ihre Beschäftigten über ihre pädagogischen Leitziele austauschen und einig sind« (ArtSet GmbH, 2007c, S. 6).

Die impliziten Einflüsse können den Qualitätswerkzeugen und möglichen Instrumenten zur Umsetzung der Anforderungen einzelner Qualitätsbereiche zugeordnet werden. Hier stehen die Instrumente innerhalb des Qualitätsbereiches 8 im Vordergrund. Dazu gehört die Förderung eines Bewusstseins innerhalb von Erhebungsinstrumenten über bestehende soziale Beziehungen und die Umsetzung sowie Ausführung der Qualitätswerkzeuge. Werden diese partizipativ und kooperativ eingesetzt, ist eine Auseinandersetzung mit den Arbeitenden aus verschiedenen Bereichen und Hierarchieebenen und die Förderung sozialer Beziehungen unumgänglich.

Ergebnisse

Zusammenfassung
Die Anforderungen der LQW fördern Kommunikation u.a. durch den Aufbau von sozialen Beziehungen, durchgehend über alle Qualitätsbereiche, in einem ausgeglichenen Verhältnis von Mitarbeiter- und Organisationsbezogenheit. Partizipation und Kooperation gelten an dieser Stelle als »Leitkonzepte« zur Förderung sozialer Beziehungen.

7.2.7 Feedback

Quantitative Ergebnisdarstellung
Für diese Dimension kann zwischen Arbeitshilfen (56%) und Qualitätswerkzeugen (44 %) ebenfalls eine ausgeglichene Verteilung nachgezeichnet werden. Es wurden ebenfalls keine hemmenden Indikatoren ausfindig gemacht.
Insgesamt verteilen sich 81% auf indirekt fördernde Analyseeinheiten, während explizit 19% zugeteilt werden konnten. Die Qualitätsbereiche 2, 3, 6 und 11 blieben unberücksichtigt. Mehr als die Hälfte der Codings (59%) beziehen sich auf die Qualitätsbereiche 5 (37%) und 8 (22%).

Qualitativ-inhaltliche Ergebnisdarstellung
Direkt adressierte Anforderungen beziehen sich auf eine Beratungstätigkeit zur Verbesserung des Lehr- und Lernprozesses, die Evaluationshandlungen sowie mitarbeiterentwicklerische Maßnahmen, die ein direktes Feedback an den Mitarbeiter (in Form von Einschätzungen, Problemlösungen und Erfolgswürdigung) geben. Dazu zählen ebenfalls die (im Rahmen von evaluativen Maßnahmen durchzuführenden) Rückkopplungen an das Lehrpersonal über die Effektivität und Effizienz des Arbeitshandelns.
Für den Bereich der impliziten Feedbackmöglichkeiten - diese orientieren sich in erster Linie an organisationalen Erfordernissen - ist das Leitbild als Förderung der indirekten Beurteilung durch den Kunden zu erwähnen. Innerhalb des Qualitätsbereiches 4 spielt die Veröffentlichung im Programmheft (mit den Kompetenzen und Qualifikationen) eine wichtige Rolle. Die Verfasser geben ein indirektes Feedback über einzelne Mitarbeiter, womöglich ausschließlich positiv konnotiert, ab.
Aus den Evaluationsbemühungen des Qualitätsbereiches 5 ergeben sich unmittelbare Feedbacks an die Lehrenden, zu den einzelnen Lehrveranstaltungen. Diese sind nicht intendiert und setzen eine Auseinandersetzung mit den Ergebnissen oder eine Diskussion im Seminargeschehen voraus. Für den Qualitätsbereich 7 lässt sich feststellen, dass die Führung einer Organisation unaus-

weichlich mit Feedbacks verbunden ist. Es ist die Aufgabe der Führung Entscheidungen zu treffen, deren Einhaltung zu kontrollieren und (im Rahmen der Mitarbeiterentwicklung) Zielvereinbarungen zu treffen, die Zielvisionen der Organisation beinhalten. Um diese Handlungen in einem entsprechenden Maße durchführen und zielgerichtet handeln zu können, ist es zwingend erforderlich über Feedbacks zu steuern. Für die Mitarbeiterentwicklung (QB 8) sind diese nicht intendiert, aber alleine die Kommunikation über das Arbeitsverhalten erfordert »Rückmeldung«. So schließen Anregungen hinsichtlich der Arbeitstätigkeit, Kritik, Vorschläge zum Umgang mit Konflikten, die Skizzierung von Fortschritten und das Erarbeiten von Entwicklungsmöglichkeiten diese Bewertungen des Mitarbeiters mit ein.

Innerhalb der Überprüfung von Kennzahlen im Bereich des Controllings wird (über eine mögliche Nichteinhaltung gesteckter Ziele) ein negatives Feedback an den Mitarbeiter gerichtet. Positiv konnotierte Sachverhalte schließen die Gespräche mit den Controllern nicht aus.

Eine weitere Möglichkeit dem einzelnen Mitarbeiter entsprechendes Feedback zuzuführen besteht innerhalb des Qualitätsbereichs 10. Die Kundenkommunikation, welche u.a. Anregungen und das Beschwerdemanagement beinhalten, geben weiterhin Möglichkeiten, dem Mitarbeiter (meist in negativer Form) einen Eindruck über die Effizienz und Effektivität seines Handelns zu vermitteln und diesen im Sinne der Motivierung positiv oder negativ zu verstärken.

»Anregungen und Beschwerden werden erhoben und ausgewertet. Konsequenzen werden gezogen. (...) Dies geschieht am besten durch sichtbar präsentierte Rückmeldekarten und weitere Rückmeldemöglichkeiten z.B. auf der Internetseite oder im Programmheft« (ArtSet GmbH, 2006b, S. 4; 7).

Zusammenfassung
In der Mehrheit ergeben sich Adressierungen anhand dieser motivationsrelevanten Dimension, durch indirekte (nicht auf den Mitarbeiter gerichtete) Anforderungen innerhalb der Qualitätsbereiche. Über insgesamt vier Qualitätsbereiche konnten keine motivationsfördernden Adressierungen hinsichtlich des Feedbacks gefunden werden. Mitarbeiter erhalten über verschiedene Analyse- und Bewertungsinstrumente die Möglichkeit implizit über die Effektivität ihres Handelns (durch andere Menschen) informiert zu werden.

7.3 Arbeitshilfen und Qualitätswerkzeuge im Vergleich

Den Arbeitshilfen kommen insgesamt 88% fördernde und 12% hemmende Adressierungen zu. Diese verteilen sich zu 56% auf direkte und 44% indirekte Kategorien. Rund 23% der Kodierungen fallen in den Bereich der Autonomie, wovon 66% eine hemmende Adressierung zugesprochen werden kann. Die meisten Codings entfallen eindeutig auf den Qualitätsbereich 8 mit 26%.

Betrachtet man die Qualitätswerkzeuge, konnten insgesamt 19,5% explizite und 80,5% implizite Kodierungen ausfindig gemacht werden. Diese verteilen sich zu 98% auf fördernde Gegebenheiten und 2% auf hemmende motivationsrelevante Dimensionen. Die meisten Zuordnungen finden sich in den Bereichen der Bedeutsamkeit der Arbeit, der Autonomie und den sozialen Beziehungen. Außerdem konnten dem Qualitätsbereich 8 fast doppelt so viele (25%) Codings zugeordnet werden, als dem Qualitätsbereich 9 (13,5%).

8 Erträge der Untersuchung

»Führung einer Organisation bedeutet, die Vereinbarung von Interessen der Mitarbeiter und denen des Gesamtunternehmens. Führung bedeutet aber auch zu führen (...)«

Die theoretische Auseinandersetzung in dieser Arbeit galt vordergründig der Rechtfertigung einer Erhebung und möglichen Verankerung von Mitarbeitermotivation innerhalb des Qualitätsmanagements. Es stellte sich heraus, dass organisationale Qualität ein standpunktbezogener Begriff ist, welcher in Bezug auf das Lernen nicht allgemeingültig und eindimensional formuliert werden kann. Diese individuelle Ausgestaltung sollte sich nicht nur auf Lernende beziehen, sondern ebenfalls Mitarbeiter einer Organisation ins Blickfeld nehmen. Zur Steigerung des unternehmerischen Erfolges und einer stärkeren Berücksichtigung personeller Faktoren, eignete sich hierfür das Konzept der Mitarbeitermotivation, welches (ausgehend von Arbeitsplatzanalyseverfahren) über ein bewährtes Instrument (JDS) erhoben werden kann.

Die Leistung wurde in den unterschiedlichen Kapiteln erbracht. Das zweite Kapitel, welches einen Überblick über die Grundlagen des Qualitätsbegriffes lieferte, versuchte die qualitätsrelevanten Dimensionen darzustellen. Als ein für den Bildungsbereich geeignetes Modell, wurde die LQW erarbeitet. Innerhalb des dritten Kapitels wurde das Lernen aus ermöglichungsdidaktischer Perspektive u.a. mit Rückbezug zur soziologischen Systemtheorie nach Niklas Luhmann und Lerntheorie nach Klaus Holzkamp beschrieben. Für das Verständnis dieser Sachverhalte war es notwendig, die spezifische Entstehungssituation sowie den Aufbau des Qualitätsmanagementmodells zu betrachten. Das vierte Kapitel skizzierte, als eine wesentliche Komponente der organisationalen »Leistungsverbesserung«, neben der Berücksichtigung personeller Faktoren (ausgehend von »klassischen Motivationstheorien«), wesentliche Zusammenhänge zwischen Qualitätsmanagement und Motivation. Während das fünfte Kapitel das Job Characteristics Model (als ein Synthesemodell zur Erfassung mehrerer motivationsrelevanter Dimensionen entgegen meist fehlender Mehrdimensionalität der anderen Motivationstheorien) vorstellte. Innerhalb des empirischen Teiles erfolgte die konkrete Ableitung eines motivationsrelevanten Messinstruments.

Für den empirischen Teil stellte sich weiter die Frage nach Faktoren der Adressierung von Motivation, sowohl in negativer als auch positiver Ausgestaltung.

Dafür wurden Materialanalysen (anhand von Dokumenten mit konkretem Praxisbezug) mit Hilfe des abgeleiteten Untersuchungsinstruments durchgeführt.

Obwohl die Qualitätswerkzeuge (als freiwillige Empfehlung der ArtSet) zur Umsetzung der Anforderungen der einzelnen Qualitätsbereiche dienen sollten, wurden diese genutzt, um Rückschlüsse auf die intendierten motivationalen Steuerungsabsichten zu ziehen.

Hier zeigte sich mit Blick auf die formulierte Forschungsfrage, dass beide Materialformen motivationsförderliche und -hemmende Adressierungen offenbarten. Diese finden implizit und explizit durch die Steuerungsintentionen statt, wenngleich die impliziten Adressierungen überwogen. Dass durch die Einführung der LQW die empirisch nicht überprüfte »Wirkung« hauptsächlich motivationsfördernd ist, kann angenommen werden. Diese Annahme deckt sich mit den Angaben der Modellentwickler (vgl. Zech, 2006).

Entgegen der Ausführungen, dass die LQW hauptsächlich ein Verfahren zur Verbesserung organisationaler Qualität ist und motivationstheoretische Aspekte nicht verarbeitet worden sind, (Zech, Rainer, »AW: Masterthesis LQW«, serv. zech@artset.de 03.04.2013) kann festgehalten werden, dass sie implizit in die Modellentwicklung einflossen. Neben der Tatsache, dass sich die LQW als partizipatives Verfahren begreift und somit motivationsförderliche Adressierungen beinhaltet, sind motivationsrelevante Dimensionen ebenfalls in den Verfahrensanweisungen und Steuerungsabsichten der LQW zu finden. Diese haben sich im Laufe der historischen Entwicklung über die unterschiedlichen Paradigmen der Arbeitsplatzgestaltung und -organisation etabliert und implizit in den gängigsten Verfahren niedergeschlagen (vgl. Kapitel 5.1). So finden sich beispielsweise in den Qualitätswerkzeugen unterschiedliche Instrumente zur Umsetzung der Anforderungen, und die LQW selbst greift diese ebenfalls auf. Ihnen wurden aus organisationspsychologischer Sicht (in unterschiedlichsten Studien) motivationsfördernde Wirkungen zugesprochen. Dazu zählen neben Zielvereinbarungssystemen, u.a. Gruppenarbeiten in unterschiedlichen Autonomiegraden (vgl. bspw. Hansen & Kamiske, 2001/Stumpf & Kammhuber, 2003). Aus organisationspsychologischer Perspektive ließe diese Liste sich ausdehnen, war jedoch nicht die Intention dieser Untersuchung gewesen.

Für Organisationen, welche z.B. gewachsene bürokratische Strukturen aufzulösen versuchen und flachere Hierarchien (durch die Möglichkeiten der Partizipation) mit Möglichkeiten, der Mitarbeitermotivierung kombinieren möchten, eignet sich die LQW nicht nur für den Bereich der Weiterbildung. Aber auch dem sind Grenzen gesetzt, dies zeigte sich durch die Wechselwirkungen u.a. zwischen den Dimensionen der Aufgabengeschlossenheit und Autonomie. Auf den Mitarbeiter gerichtete Anreizstrukturen, die den individuellen Bedürfnissen der Mitarbeiter hinsichtlich der erarbeiteten Kerndimensionen gerecht werden, fehlen aufgrund der organisationalen Ausrichtung des Modells.

Dem hingegen fördert die LQW vor allem kommunikative Strukturen und kollegiale Kooperation durch den Aufbau sozialer Beziehungen und intensiviert die Möglichkeiten den Mitarbeitern einer Organisation Informationen über die Effektivität und Effizienz ihres eigenen Handelns zu liefern.

Für Organisationen, welche die Autonomie der Angestellten nicht durch steuerungstechnische Vorgaben einzuschränken versuchen, eignet sich die LQW aufgrund der Ergebnisse dieser Untersuchung weniger. Eine möglichst hohe Autonomie der Mitarbeiter und flache Hierarchien dürften jedoch jedem Managementsystem zuwider laufen.

8.1 Motivation als implizite Form der Motivierung

Betrachtet man die Forschungsliteratur, finden sich ebenfalls Auseinandersetzungen, die keine signifikanten Veränderungen in der Mitarbeitermotivation diagnostizieren (vgl. Schütt, 2006; Kapitel 4.5). Die Ergebnisse dieser Arbeit plädieren für eine differenzierte Betrachtung dieser Sachverhalte. Eine motivationsfördernde Adressierung anhand der Ergebnisse dieser Untersuchung wird der LQW unterstellt. Diese findet überwiegend implizit, in nicht direkter Form, statt. Dies kann dazu führen, dass die motivationsfördernden Intentionen von Mitarbeitern nicht wahrgenommen werden. Das bedeutet, dass die Auswirkungen in einem Arbeitsanalyseverfahren, welches subjektiv empfundene »Wirkungen« erhebt, nicht abgebildet werden können, da es durch die organisationale Ausrichtung der LQW keine direkte Motivierung der Arbeitnehmer geben kann, sondern das Motivierungspotenzial in einer indirekten - subjektiv schwer empfindbaren - Motivierung durch die Organisation liegt. Dies deckt sich mit dem Hinweis des Modellentwicklers, dass die Motivation in einem »Um-zu-Verhältnis« zu anderen Gegebenheiten steht (vgl. Zech, 2006).

8.2 Das »zweischneidige Schwert der Motivation«

Der Führung kommt eine besondere Bedeutung zu (ebd.), die sich in Kapitel 7.2.2 abzeichnet. Führung einer Organisation bedeutet, die Vereinbarung von Interessen der Mitarbeiter und denen des Gesamtunternehmens (vgl. Schreyögg, 2003/Deeg & Weibler, 2008). Führung bedeutet aber auch zu führen und diese Effekte schlagen sich negativ im Motivierungspotenzial nieder. Hier zeigte sich, dass Motivation ein »zweischneidiges Schwert« ist. Die Erhöhung einer Dimension, zur Steigerung des gesamten Motivationspotenzials kann größere negative Auswirkungen haben als beabsichtigt. Für die Implementierung der LQW zeigte sich, dass die Einführung eines Qualitätsmanagementsystems Einbußen im Bereich der Autonomie mit sich bringt. Auch, wenn diese auf anderen Ebenen erhöht werden soll. In der Analyse hat sich hier das »Konzept« der Partizipation als fruchtbar erwiesen. Über mehrere Dimensionen konnten fördernde Anforderungen festgestellt werden. Warum die Modellentwickler diesen Punkt besonders hervorheben, konnte in dieser Arbeit eindeutig dargestellt werden.

8.3 Qualitätswerkzeuge als sinnvolle Ergänzung

Weiterhin haben die Ergebnisse verdeutlicht, dass die als freiwillig deklarierten Qualitätswerkzeuge (will man personelle Faktoren mehr berücksichtigen) eine wertvolle Ergänzung zu den Arbeitshilfen und Anforderungen der Qualitätsbereiche sind, da diesen fast ausschließlich motivationsfördernde Adressierungen zugesprochen werden konnten. Auch, wenn sie in der Mehrheit impliziter Natur sind. Dennoch stellen die vorgeschlagenen Methoden eine Entlastung für mit dem Thema Qualität beauftragte Mitarbeiter dar. Hinsichtlich einer Steigerung von organisationaler Leistungsfähigkeit sind diese Dokumente in der Lage dem Handeln eine »sinnvolle« Struktur zu geben.

8.4 Ungenutzte Motivationspotenziale

Einige Qualitätsbereiche bleiben unberücksichtigt, deren Überarbeitung hinsichtlich der Personalmotivierung angeregt werden kann. Diese Anregung sollte auf den Mitarbeiter gerichtet sein. Dafür bieten sich sowohl extrinsische als auch intrinsische Anreize an. Neben geeigneten Anreizstrukturen, die Incentives[24], Lohnbeteiligung und dergleichen beinhalten (diese Ausgestaltung obliegt der Leitung einer Organisation), könnten von Seiten der Modellentwickler intrinsisch motivierte Anreizstrukturen geschaffen werden.

Denkbar wären z.B. direkt mit der Arbeitstätigkeit verbundene Erhöhungen der Anforderungsvielfalt und Bedeutsamkeit der Arbeit. In der Ausgestaltung der Qualitätswerkzeuge und Arbeitshilfen, sei hier an die Verdeutlichung des Lobes (die Bedeutsamkeit der Arbeit betreffend) durch den Vorgesetzten zu denken.

---

[24] Als Incentives werden Leistungen bezeichnet, die ein Arbeitgeber neben üblichen Lohnzahlungen als eine Form von Anreizen zur Motivation und Belohnung leistet. Sie beeinflussen die Arbeitszufriedenheit positiv. Klassische Beispiele sind Incentive-Reisen und Incentive-Veranstaltungen, welchen ebenfalls ein positiver Einfluss auf die Unternehmenskultur zugesprochen wird.

Dies kann durch monatliche Ehrungen (z.B. Qualitätspreis für den bestengagiertesten Mitarbeiter zur Förderung der intrinsischen und extrinsischen Motivation) geschehen, es kann ein »Schulterklopfer« der Leitung, aber auch die Erwähnung an öffentlichen Stellen sein. Nebeneffekt einer solchen Herangehensweise wäre, dass unterschiedliche Bedürfnisse des Mitarbeiters angesprochen werden. Verbunden mit der Würdigung von »guten« Leistungen, entsteht eine indirekte Erhöhung der erlebten Arbeitsplatzsicherheit. Ebenso sind strukturelle Veränderungen denkbar, die sich explizit der Anforderungsvielfalt widmen. Auch hier kommt der Führung eine besondere Aufgabe zu, sie entscheidet über die Umsetzung innerhalb der eigenen Organisation.

8.5 Motivierung durch Partizipation

Einige Studien führten in der Vergangenheit mangelnden organisationalen Erfolg auf eine defizitäre Motivationslage und fehlender Partizipation der Mitarbeiter zurück (vgl. Kapitel 1). Juran hingegen sieht (in Anlehnung an die Bedürfnishierarchie nach Maslow) die Mitarbeiterpartizipation als wesentlichen Faktor einer motivationsförderlichen Arbeitsplatzgestaltung an (vgl. Kapitel 4.4). Über mehrere Qualitätsbereiche und (der aus dem Job Diagnostics Survey abgeleiteten) Dimensionen hinweg zeigte sich, welches Potenzial in den Möglichkeiten steckt, Mitarbeiter an ihrem Arbeitsplatz (durch entsprechende strukturelle Veränderungen) partizipieren zu lassen. Zudem stellte sich dar, inwiefern sich dadurch motivationsförderliche Bedingungen der Arbeitsplatzgestaltung ergeben. Partizipation als allgemeingültiges Handlungskonzept anzusehen, entgegen individueller Bedürfnisunterschiede von Mitarbeitern, bedeutet zugleich das Risiko einer organisationalen Leistungsminderung. Individuelle Ausgestaltung wird postuliert.

8.6 Mögliche weiterführende Forschungsvorhaben

Weitere Forschungsbemühungen könnten sich einer Implementierung möglicher motivationsförderlicher Anreizstrukturen widmen und sie auf signifikante Unterschiede zur motivationalen Wirkung untersuchen. Dazu liegen für den Wirtschaftssektor bereits einige Dissertationen vor (vgl. Ortlieb, 1993/Schneider, 2007/ Lieb, 2011). Bei einem solchen Vorhaben bestünde die Möglichkeit, die Schwächen dieser Untersuchung auszugleichen. So sind die Ergebnisse ausschließlich in der Zusammenfassung beider Untersuchungsmaterialien zu sehen. Es bleibt anzunehmen, dass Unternehmen nicht alle Qualitätswerkzeuge nutzen oder die Umsetzung der Anforderungen individuell gestalten. Einige der hier vorgestellten Ergebnisse wären somit nicht mehr tragbar.

Von Seiten des Verfassers wird unterstellt, dass die Mehrheit der erbrachten Ergebnisse dennoch als gültig angesehen werden kann.

8.7 Kritische Reflexion der Untersuchung

Im Verlauf dieser Untersuchung haben sich das Job Characteristics Model und der daraus abgeleitete Job Diagnostics Survey, als empirisch gut überprüfte Instrumente zur Erfassung individueller und kollektiver Motivationspotentiale gezeigt, welche unterschiedliche Aspekte der motivationsförderlichen Arbeitsplatzgestaltung in sich vereinen und erheben können. Der Einsatz dieser Instrumente erfordert allerdings (im organisationalen Kontext) höchste Präzision in der Unterscheidung der zu untersuchenden Personen. Die Erfassung des Motivationspotenzials ist nicht im Stande Qualität durch eine systematische Messung motivationsförderlicher Bedingungen der Arbeitsplatzgestaltung zu verbessern.

Des Weiteren haben sich, an den unterschiedlichsten Stellen, Wechselbezüge zwischen den Kerndimensionen der Arbeit gezeigt, die in bisherigen wissenschaftlichen Erarbeitungen in Bezug auf den JDS nicht berücksichtigt wurden. Eine Erhöhung der Aufgabengeschlossenheit, die die LQW zweifellos leistet, geht mit einer Begrenzung des Autonomiespielraumes einher, weder die konzeptionellen Ausführungen, noch das Instrument selbst berücksichtigen diese Tatsache. Eine etwaige mathematische Beachtung in der Berechnung des MPS fehlt ebenso. Beim Fehlen eines Faktors, reduziert sich der ganze MPS auf 0 (durch die Multiplikation mit 0), aufgrund der Ausführungen, scheint diese Vorgehensweise jedoch nicht ausreichend differenziert.

Neben den positiven Effekten, die einer motivationsförderlichen Arbeitsplatzgestaltung durch unterschiedliche Studien zugesprochen wird, finden sich in der Forschungsliteratur auch kritische Einwände, nach denen Mitarbeitermotivation nicht möglich ist. »Andere motivieren zu wollen, ist hirntechnischer Unsinn« (vgl. Hüther, 2009).

Der promovierte Biologe und Mediziner Hüther beschreibt den präfrontalen Cortex des menschlichen Gehirns in einer erfahrungsabhängigen Strukturierung. In diesem Bereich des Frontallappens finden u.a. die Verankerungen unserer Einstellungen, Überzeugungen und Entscheidungen statt und die Beeinflussung dieses Systems ist nicht möglich.

Diese Attitüden werden durch selbst erlebte Erfahrungen des Mitarbeiters gesteuert. Unsere Erfahrungen zeichnen sich durch eine kognitive sowie emotionale Komponente aus, welche im präfrontalen Cortex gekoppelt werden (ebd.).

Dies führt dazu, dass eine Motivierung von Mitarbeitern auf dieser Ebene nicht möglich ist.

»Sie lassen sich weder durch rationale Argumente verändern, die die emotionalen Anteile des gekoppelten Netzwerkes unberührt lassen, noch durch emotionale Aktivierung, also etwa Bestrafung und Belohnung, die die kognitiven Anteile nicht erreicht« (ebd., S. 159).

Diese Annahmen decken sich mit den systemtheoretischen Ausführungen und lassen somit vermuten, dass seine Orientierung hauptsächlich an extrinsischen Anreizen ausgerichtet ist.

Qualitätsmanagementsysteme werden in Organisationen implementiert, deren Mitarbeiter werden in Gesellschaftssystemen sozialisiert, die Werte, Normen, Einstellungen, etc. vermitteln und der Kulturbegriff wird als ein zentrales gesellschaftliches und organisationales Steuerungsmedium angesehen (vgl. Stumpf & Kammhuber, 2003). Unterschiedliche organisationspsychologische Studien kommen zu dem Ergebnis, dass Erleben und Verhalten in Organisationen kulturellen Unterschieden unterliegen. Sowohl Zielvereinbarung, als auch Mitarbeitermotivation sind kulturell verschieden (ebd.). So kann für einen Mitarbeiter die Erhöhung der Autonomie positive Effekte haben, sich für einen anderen allerdings negativ auf das Motivationspotenzial auswirken. Die Beschäftigung mit der Mitarbeitermotivation sollte zu einer Aufgabe expandieren, die jedem Mitarbeiter (individuell) gleich welcher Kultur und Herkunft gerecht wird.

»In den entwickelten Ländern ist es ein wichtiges Bedürfnis, einen »interessanten« Arbeitsplatz zu haben. Aber auch Entlohnung und die Sicherheit des Arbeitsplatzes spielen hier eine wichtige Rolle. In einer eher kollektivistischen Nation wie Israel ist die Qualität der interpersonalen Beziehungen sehr bedeutsam, für die Japaner spielt die Passung zwischen Person und Arbeitsplatz sowie persönliches Wachstum eine wichtige Rolle. In den Entwicklungsländern dominieren dagegen grundlegende existenzsichernde Bedürfnisse wie z.B. das Bedürfnis nach materiellen Einkünften« (ebd., S. 504).

Während Hackman und Oldham eine Unterscheidung zwischen unterschiedlichen Berufsgruppen vornahmen (vgl. Kapitel 5) und auf die Bedeutung unterschiedlicher Bedürfnishöhen (z.B. Wachstumsbedürfnis) eingingen, spielten kulturelle Ansätze keine Rolle.

Das Instrument kommt an seine Grenzen!
Die Berücksichtigung kultureller Faktoren innerhalb der LQW, denen (aus organisationspsychologischer Sicht) bei Nichtbeachtung negative qualitätsrelevante

und organisationsentwicklerische Effekte zugesprochen werden müssen, (vgl. ebd.) sollte ebenfalls angeregt werden.

Literatur

Altmann, Hans Christian (1989): Motivation der Mitarbeiter. Methoden, Konzepte, Erfolgsbeispiele. Frankfurt (Main): Frankfurter Allgemeine Zeitung.
Ambos, Ingrid; Weiland, Meike; Kroscheck, Stefan; Schade, Hans-Joachim: wbmonitor Umfrage 2010. Wie regelt sich der Weiterbildungsmarkt? Zentrale Ergebnisse im Überblick. Bundesinsitut für Berufsbildung; Deutsches Institut für Erwachsenenbildung. Bonn. Arnold, Rolf (1994): Qualitätssicherung in der Weiterbildung. In: *Grundla*gen der Weiterbildung (1), S. 6–10.
Arnold, Rolf (Hg.) (1997): Qualitätssicherung in der Erwachsenenbildung. Opladen: Leske + Budrich.
Arnold, Rolf; Pätzold, Henning (2004): Qualitätsstandards in der Erwachsenenbildung. In: Franz Peterander und Rolf Arnold (Hg.): Qualitätsmanagement in sozialen Einrichtungen. München, Basel: E. Reinhardt, S. 102–113.
ArtSet GmbH (2006): QB 7 Qualitätswerkzeug Führung. München.
ArtSet GmbH (2006b): QB 10 Arbeitshilfe Kundenkommunikation. München.
ArtSet GmbH (2007): QB 3 Arbeitshilfe Schlüsselprozesse. München.
ArtSet GmbH (2007b): QB 5 Arbeitshilfe Evaluation Bildungsprozesse. München.
ArtSet GmbH (2007c): QB 1 Arbeitshilfe Leitbild. München.
ArtSet GmbH (2009): QB2 Qualitätswerkzeug Verfahren der Bedarfserschließung. München.
Atteslander, Peter (2008): Methoden der empirischen Sozialforschung. Berlin: Erich Schmidt (ESV basics).
Baecker, Dirk (1994): Soziale Hilfe als Funktionssystem der Gesellschaft. In: Zeitschrift für Soziologie 23 (2), S. 93–110.
Bastian, Hannelore (Hg.) (2002): Pädagogisch denken - wirtschaftlich handeln. Zur Verknüpfung von Ökonomie und Profession in der Weiterbildung. Bielefeld: Bertelsmann (Perspektive Praxis).
Behrmann, Detlef (2008): Evaluation, Controlling, Qualitätsmanagement und Zertifizierung in der Erwachsenenbildung. In: *Hessische Blätter für Volksbildung* 58 (3), S. 206–212.
Bender, Walter; Zech, Rainer (Hg.) (2007): … denn sie wissen, was sie tun! Auf dem Weg zur selbstreflexiven Organisation; Fallstudien zur lernerorien-

tierten Qualitätsentwicklung. Expressum-Verl. (Schriftenreihe für kritische Sozialforschung und Bildungsarbeit, 12).

Benes, Georg; Vossebein, Ulrich (1998): Qualitätsmanagementsysteme im Mittelstand - eine empirische Analyse. Düsseldorf: VDI Verl.

Bortz, Jürgen; Bortz-Döring; Döring, Nicola (2010): Forschungsmethoden und Evaluation. Für Human- und Sozialwissenschaftler Heidelberg: Springer-Medizin-Verlag.

Bosche, Brigitte (2007): Die Wirkungen von LQW2 aus Sicht von Gutachter/innen. Eine qualitative Erhebung im Rahmen des BLK-Verbundsprojekts »Qualitätstestierung in der Weiterbildung«. Hg. v. Deutsches Institut für Erwachsenenbildung. Bonn.

Brommer, Eva (1999): Qualitätsmanagement im Dienstleistungsbereich. Evaluierung der Einführung von DIN EN ISO 9000 ff. bei einem Reisevermittler. Berlin, Wien, Zürich: Beuth.

Brückner, Fabian; Schütte-Reuter, Carola; Riedel, Claus G. (2009): »Wir machen nicht LQW, wir machen unsere Arbeit!«. Die Einführung von LQW in der Personalentwicklung der Nord-deutschen Landesbank (NORD/LB). In: Friederike Erhart (Hg.): Herausforderungen meistern! Lernerorientierte Qualitätstestierung in Bildungsorganisationen der Wirtschaft und des Gesundheitswesens. Hannover: Expressum-Verl (Schriftenreihe für kritische Sozialforschung und Bildungsarbeit, 16), S. 25–44.

Brüggemann, Holger; Bremer, Peik (2011): Grundlagen Qualitätsmanagement. Von den Werkzeugen über Methoden zum TQM. Wiesbaden: Springer Vieweg.

Bruhn, Manfred (2008): Qualitätsmanagement für Dienstleistungen. Grundlagen, Konzepte, Methoden. Berlin: Springer.

Bülow-Schramm, Margret (Hg.) (2006): Qualitätsmanagement in Bildungseinrichtungen. Münster, New York, München, Berlin: Waxmann (Studienreihe Bildungs- und Wissenschaftsmanagement, 6).

Campbell, John P.; Pritchard, Robert D. (1976): Motivation Theory in Industrial and Organizational Psychology. In: Marvin D. Dunnette (Hg.): Handbook of industrial and organizational psychology. Chicago: Rand McNally College Pub. Co., S. 63–130.

Crostack, H.A; Freitag, Michael (1997): Maß für Motivation. Die Mitarbeitermotivation läßt sich als selbststeuernder Regelkreis im Unternehmen etablieren. In: *Qualität und Zuverlässigkeit* 42 (2), S. 168–172.

Csikszentmihalyi, Mihaly (1985): Das flow-Erlebnis. Jenseits von Angst u. Langeweile: im Tun aufgehen. Stuttgart: Klett-Cotta.

Cube, Felix von (1998): Lust an Leistung. Die Naturgesetze der Führung. München, Zürich: Piper.

Deci, Edward L. (1975): Intrinsic motivation. New York: Plenum Press (Perspectives in social psychology, v. 1).
Deci, Edward L.; Ryan, Richard M. (1985): Intrinsic motivation and self-determination in human behavior. New York: Plenum (Perspectives in social psychology).
Deci, Edward L.; Ryan, Richard M. (1993): Die Selbstbestimmungstheorie der Motivation und ihre Bedeutung für die Pädagogik. In: *Zeitschrift für Pädagogik* 39 (2), S. 225–238.
Deeg, Jürgen; Weibler, Jürgen (2008): Die Integration von Individuum und Organisation. Wiesbaden: VS Verlag für Sozialwissenschaften / GWV Fachverlage, Wiesbaden.
Dehn, Claudia (Hg.) (2009): Pädagogische Qualität. Einflussfaktoren und Wirkmechanismen; [Dokumentation der 7. Netzwerkkonferenz zur Lernorientierten Qualitätstestierung zum Thema »Pädagogische Qualität«].Hannover: Expressum-Verl (Schriftenreihe für kritische Sozialforschung und Bildungsarbeit, 15).
Diekmann, Andreas (1995): Empirische Sozialforschung. Grundlagen, Methoden, Anwendungen. Reinbek bei Hamburg: Rowohlt Taschenbuchverl. (Rowohlts Enzyklopädie, 551).
Dietrich, Stephan; Schade, Hans-Joachim (2008): Mehr Transparenz über die deutschen Weiterbildungsanbieter. Deutsches Institut für Erwachsenenbildung. Bonn. Dörpinghaus, Andrea (2009): Bildung. Plädoyer wider Verdummung. In: *Forschung und Lehre Suplement* (9), S. 9–14.
Dubs, Rolf (2003): Qualitätsmanagement für Schulen. St. Gallen: IWP (Studien und Berichte des IWP / Inst. für Wirtschaftspädagogik an d. Hochsch. St. Gallen, 13).
Dunckel, Heiner (Hg.) (1999): Handbuch psychologischer Arbeitsanalyseverfahren. Zürich: vdf Hochschulverlag AG an der ETH Zürich.
Dunnette, Marvin D. (Hg.) (1976): Handbook of industrial and organizational psychology. Chicago: Rand McNally College Pub. Co.
Ehses, Christiane; Heinen-Tenrich, Jürgen; Zech, Rainer (2002): Das lernerorientierte Qualitätsmodell für Weiterbildungsorganisationen. BLK-Modellversuch: Lernerorientierte Qualitätstestierung in Weiterbildungsnetzwerken. Hannover: Expressum-Verl. (Qualität in der Weiterbildung).
Ehses, Christiane; Zech, Rainer (1999): Professionalität als Qualität in der Erwachsenenbildung. Zur Organisationsentwicklung von Volkshochschulen im Spannungsfeld diversifizierter Lernmilieus und wirtschaftlicher Marktanforderungen. In: Rainer Zech und Christiane Ehses (Hg.): Organisation und Lernen. Hannover: Expressum (Schriftenreihe für kritische Sozialforschung und Bildungsarbeit, 5), S. 13–57.

Ellinger, Stephan (2007): Einflussfaktoren auf die Arbeitszufriedenheit in Jugendhilfewerken. In: *Der pädagogische Blick* 15 (4), S. 196–215.

Erfolg im Trend. Excellence 05 ; inclusive Spezialstudie ExBa QM (2005). Unter Mitarbeit von Roman Becker. Mainz: forum!

Erhart, Friederike; Zech, Rainer (2009): Herausforderungen meistern! Lernerorientierte Qualitätsentwicklung in Bildungsorganisationen der Wirtschaft und des Gesundheitswesens. In: Friederike Erhart (Hg.): Herausforderungen meistern! Lernerorientierte Qualitätstestierung in Bildungsorganisationen der Wirtschaft und des Gesundheitswesens. Hannover: Expressum-Verlag (Schriftenreihe für kritische Sozialforschung und Bildungsarbeit, 16), S. 10–24.

Etzel, Gerhard; Münche, Hans U. von (2012): Wie die Freude am Fahren verloren ging. Lügenmärchen und »wahre« Fakten über Motivation. Norderstedt: Books on Demand GmbH.

Fendler, Folkert (2011): Von der »Qualitas« zur Messung. Theologisch verantwortet von Qualität reden. In: *Zeitschrift der Liturgischen Konferenz für Gottesdienst, Musik und Kunst* 2 (1), S. 4–28.

Fischer, Lorenz (1989): Strukturen der Arbeitszufriedenheit. Zur Analyse individueller Bezugssysteme. Göttingen [u.a.]: Verl. für Psychologie Hogrefe.

Frey, Bruno S. (Hg.) (2002): Managing Motivation. Wie Sie die neue Motivationsforschung für Ihr Unternehmen nutzen können. Wiesbaden: Gabler.

Frey, Bruno S.; Osterloh, Margit (2002): Motivation - der zwiespältige Produktionsfaktor. In: Bruno S. Frey (Hg.): Managing Motivation. Wie Sie die neue Motivationsforschung für Ihr Unternehmen nutzen können. Wiesbaden: Gabler, S. 21–42.

Galiläer, Lutz (2005): Pädagogische Qualität. Perspektiven der Qualitätsdiskurse über Schule, soziale Arbeit und Erwachsenenbildung. Weinheim, München: Juventa-Verl.

Garvin, David A. (1984): What Does »Product Quality« Really Mean? In: *Sloan Management Review* (Volume 26), S. 25–45.

Geißler, Harald (2009): Das Pädagogische der Organisationspädagogik. In: Michael Göhlich (Hg.): Organisation und Erfahrung. Beiträge der AG Organisationspädagogik. Wiesbaden: VS, Verl. für Sozialwiss, S. 239–250.

Gieseke, Wiltrud (1997): Die Qualitätsdiskussion aus erwachsenenpädagogischer Sicht. Was bedeutet Qualität in der Erwachsenenpädagogik? In: Rolf Arnold (Hg.): Qualitätssicherung in der Erwachsenenbildung. Opladen: Leske + Budrich, S. 29–48.

Gläser, Jochen; Laudel, Grit (2004): Experteninterviews und qualitative Inhaltsanalyse als Instrumente rekonstruierender Untersuchungen. Wiesbaden: VS, Verl. für Sozialwiss. (UTB, 2348).

Göhlich, Michael (Hg.) (2009): Organisation und Erfahrung. Beiträge der AG Organisationspädagogik. Wiesbaden: VS, Verl. für Sozialwiss.
Hackman, J. Richard; Oldham, Greg R. (1974): Technical Report No. 4. The Job Diagnostic Survey. An instrument for the Diagnosis of jobs and the evaluation of job redesign projects. Yale. Hackman, J. Richard; Oldham, Greg R. (1976): Motivation through the Design of work. Test a theory. In: J. Richard Hackman und Greg R. Oldham (Hg.): Organizational Behavior and Human Performance. Yale: unbekannt.
Hackman, J. Richard; Oldham, Greg R. (1976): Motivation through the Design of work. Test a theory. In: J. Richard Hackman und Greg R. Oldham (Hg.): Organizational Behavior and Human Performance. Yale: unbekannt.
Hackman, J. Richard; Oldham, Greg R. (Hg.) (1976): Organizational Behavior and Human Performance. Yale: unbekannt.
Hackman, J. Richard; Oldham, Greg R. (1980?): Work redesign. Salem, Or: Oregon State Library (Organization development).
Hansen, Wolfgang; Gerd F. Kamiske (Hg.) (2001): Qualitätsmanagement und Human Ressources. Mitarbeiter einbinden, entwickeln und führen. Düsseldorf: Symposion.
Hartz, Stefanie (2008): Steuerung in der Erwachsenenbildung durch LQW. Kontext- und Selbststeuerung. In: *Zeitschrift für Erwachsenenbildung, Hessische Blätter für Volksbildung* (3), S. 220–226.
Hartz, Stefanie (2010): Qualitätssicherung in der Erwachsenenbildung. Juventa Verlag. Weinheim, München (Enzyklopädie Erziehungswissenschaft online).
Hartz, Stefanie (2011): Qualität in Organisationen der Weiterbildung. Eine Studie zur Akzeptanz und Wirkung von LQW. In: *Qualität in Organisationen der Weiterbildung.*
Hartz, Stefanie; Meisel, Klaus (2011b): Qualitätsmanagement. Bielefeld: Bertelsmann.
Harvey, Lee; Green, Diana (2000): Qualität definieren. Fünf unterschiedliche Ansätze. In: Andreas Helmke, Walter Hornstein und Ewald Terhart (Hg.): Qualität und Qualitätssicherung im Bildungsbereich: Schule, Sozialpädagogik, Hochschule. Weinheim [u.a.]: Beltz (Beiheft, 41), S. 17–39.
Heckhausen, Jutta (Hg.) (2010): Motivation und Handeln. Berlin, Heidelberg: Springer.
Heinen-Tenrich, Jürgen (2004): Qualitätsentwicklung als Professionalisierung. Entwicklungsarbeiten und Dienstleistungen des Landesverbandes der Volkshochschulen Niedersachsens e.V. In: Rainer Zech (Hg.): Qualität durch Reflexivität. Lernerorientierte Qualitätsentwicklung in der Praxis.

Hannover: Expressum-Verl. (Schriftenreihe für kritische Sozialforschung und Bildungsarbeit, 10), S. 146–162.

Helmke, Andreas; Hornstein, Walter; Terhart, Ewald (2000): Qualität und Qualitätssicherung im Bildungsbereich. Zur Einleitung in das Beiheft. In: Andreas Helmke, Walter Hornstein und Ewald Terhart (Hg.): Qualität und Qualitätssicherung im Bildungsbereich: Schule, Sozialpädagogik, Hochschule. Weinheim [u.a.]: Beltz (Beiheft, 41), S. 7–14.

Hippel, Aiga von; Grimm, Rita (Hg.) (2010): Qualitätsentwicklungskonzepte in der Weiterbildung frühpädagogischer Fachkräfte. Stand: Oktober 2010. München: DJI (WiFF-Expertisen, 3).

Holtz, Karl-Ludwig (2008): Einführung in die systemische Pädagogik. 1. Aufl. Heidelberg: Carl-Auer-Systeme-Verl. (Compact).

Holzkamp, Klaus (1995): Lernen. Subjektwissenschaftliche Grundlegung. Frankfurt am Main, New York: Campus.

Hucklenbroich, Uwe (1993): Qualitätsmanagement durch Motivation wirksam unterstützen. In: *Qualität und Zuverlässigkeit* 38 (3), S. 154–158.

Humpert, Markus (2004): Erfahrungen mit LQW aus der Sicht des Bildungswerks der Niedersächsischen Wirtschaft (BNW). In: Rainer Zech (Hg.): Qualität durch Reflexivität. Lernerorientierte Qualitätsentwicklung in der Praxis. Hannover: Expressum-Verl. (Schriftenreihe für kritische Sozialforschung und Bildungsarbeit, 10), S. 39–50.

Hüther, Gerald (2009): Andere motivieren zu wollen, ist hirntechnischer Unsinn. In: *Zeitschrift für Organisation und Führung* 78 (3), S. 159–161.

Jerusalem, M.; Hopf, D. (Hg.) (2002): Zeitschrift für Pädagogik. Selbstwirksamkeit und Motivationsprozesse in Bildungsinstitutionen. *Zeitschrift für Pädagogik* (44).

Jost, Peter-Jürgen (2000): Organisation und Motivation. Eine ökonomisch-psychologische Einführung. Wiesbaden: Gabler.

Juran, J. M. (1974): Motivation. In: J. M. Juran, Frank M. Gryna und Richard S. Bingham (Hg.): Quality control handbook. New York: McGraw-Hill, S. 18-1 - 18-52.

Juran, J. M. (1991): Handbuch der Qualitätsplanung. 3. durchges. Landsberg/Lech: Verl. Moderne Industrie.

Juran, J. M.; Gryna, Frank M. (op. 1988): Juran's quality control handbook. New York [etc.]: McGraw-Hill.

Juran, J. M.; Gryna, Frank M.; Bingham, Richard S. (Hg.) (1974): Quality control handbook. New York: McGraw-Hill.

Kamiske, Gerd F.; Brauer, Jörg-Peter (2002): ABC des Qualitätsmanagements. München, Wien: Hanser (Pocket-Power, 005).

Kamiske, Gerd F.; Brauer, Jörg-Peter (2006): Qualitätsmanagement von A bis Z. Erläuterungen moderner Begriffe des Qualiätsmanagements. München, Wien: Hanser.

Kardorff, Ernst von; Steinke, Ines; Flick, Uwe (Hg.) (2008): Qualitative Forschung. Ein Handbuch. Orig.-Ausg. Reinbek bei Hamburg: Rowohlt Taschenbuch-Verl. (Rororo, 55628 : Rowohlts Enzyklopädie).

Kauffeld, Simone (Hg.) (2011): Arbeits-, Organisations- und Personalpsychologie. Für Bachelor. Heidelberg: Springer (Springer-Lehrbuch).

Kil, Monika (2006): Beobachtungen aus der Lehr- und Lernforschung zur »Qualität« in der Weiterbildung. In: *Der pädagogische Blick* 14 (4), S. 223–236.

Kil, Monika (2005): Organisationspsychologische Erträge für die Erwachsenenbildung am Beispiel »Qualität« 28 (1), S. 41–47.

Kil, Monika (2009): Wie können pädagogische Mitarbeiterinnen und Mitarbeiter die pädagogische Qualität »steuern«? Handlungsräume in sich verändernden Organisationen. In: Claudia Dehn (Hg.): Pädagogische Qualität. Einflussfaktoren und Wirkmechanismen; [Dokumentation der 7. Netzwerkkonferenz zur Lernorientierten Qualitätstestierung zum Thema »Pädagogische Qualität«]. Hannover: Expressum-Verl (Schriftenreihe für kritische Sozialforschung und Bildungsarbeit, 15), S. 37–51.

Kirchler, Erich; Meier-Pesti, Katja; Hofmann, Eva (2004): Menschenbilder in Organisationen. Wien: WUV (Arbeits- und Organisationspsychologie, 5).

Kirchler, Erich; Rodler, Christa; Hölzl, Erik; Schrott, Andrea; Meier-Pesti, Katja; Hofmann, Eva (2001-2004): Arbeits- und Organisationspsychologie. Wien: WUV.

Kirsten M. van der Neut (2006): Arbeitszufriedenheit in ganzheitlichen Managementsystemen: Dissertation.

Knoll, Jörg (2002): »Wie hälst du's mit der Qualität?«. Neuer Umgang mit einem vertrauten Thema. In: Hannelore Bastian (Hg.): Pädagogisch denken - wirtschaftlich handeln. Zur Verknüpfung von Ökonomie und Profession in der Weiterbildung. Bielefeld: Bertelsmann (Perspektive Praxis), S. 72–90.

Koch, Jochen; Schreyögg, Georg (2010): Grundlagen des Managements. Basiswissen für Studium und Praxis. (Hg.): v. Georg Schreyögg. Wiesbaden: Gabler.

Korsmeier, Susanne (2007): Motivation. In: Tilo Pfeifer (Hg.): Masing Handbuch Qualitätsmanagement. München: Hanser, S. 1019–1034.

Krapp, Andreas; Ryan, Richard M. (2002): Selbstwirksamkeit und Lernmotivation. Eine kritische Betrachtung der Theorie von Bandura aus der Sicht der Selbstbestimmungstheorie und der pädagogisch-psychologischen Interessentheorie. In: M. Jerusalem und D. Hopf (Hg.): Zeitschrift für Pädagogik.

Selbstwirksamkeit und Motivationsprozesse in Bildungsinstitutionen. Zeitschrift für Pädagogik (44), S. 54–82.

Krewerth, Andreas (2004): Qualitätsmanagement bei Weiterbildungsanbietern in der Deutung ihrer Lehrenden. Eine qualitative Studie über Interpretationsmöglichkeiten und deren Einfluss auf das pädagogische Handeln. Bonn: unveröffentliche Magisterarbeit.

Kuckartz, Udo (2012): Qualitative Inhaltsanalyse. Methoden, Praxis, Computerunterstützung. Weinheim, Basel: Beltz Juventa.

Kuper, Harm (2002): Stichwort: Qualität im Bildungssystem. In: *Zeitschrift für Erziehungswissenschaft* 5 (4), S. 533–551.

Lamnek, Siegfried; Krell, Claudia (2010): Qualitative Sozialforschung. Lehrbuch. Weinheim [u.a.]: Beltz.

Lieb, Helmut (2011): Motiviertes Qualitätsmanagement. Aachen: Apprimus.

Luhmann, Niklas; Schnorr, Karl Eberhard (1982): Zwischen Technologie und Selbstreferenz. Fragen an die Pädagogik. England: SUHRKAMP-VERLAG (Suhrkamp taschenbuch wissenschaft, 391).

Masing, Walter (1983): Qualität und Qualitätsmanagement in Europa und den USA. In: Gilbert Probst (Hg.): Qualitätsmanagement, ein Erfolgspotential. Bern: Haupt (Management-Praxis), S. 94–108.

Mathias Brüggemann; Ralf Hunecke Susanne Mütze (1999): Arbeitsmotivation als Qualitätserfolgsfaktor. Der Job Diagnostic Survey als Instrument des Qualitätsmanagements für die Organisationsentwicklung. In: *Qualität und Zuverlässigkeit* 44 (10), S. 1274–1277.

Mayring, Philipp (1996): Einführung in die qualitative Sozialforschung. Eine Anleitung zu qualitativem Denken. Weinheim: Beltz (Beltz Studium).

Mayring, Philipp (2000): Qualitative Inhaltsanalyse. Forum Qualitative Sozialforschung. Mayring, Philipp (2002): Einführung in die qualitative Sozialforschung. Eine Anleitung zu qualitativem Denken. Weinheim: Beltz (Beltz Studium).

Mayring, Philipp (2007): Qualitative Inhaltsanalyse. Grundlagen und Techniken. 9. Aufl., Dr. nach Typoskript. Weinheim [u.a.]: Beltz (Pädagogik, 8229).

Mayring, Philipp (2008): Qualitative Inhaltsanalyse. Grundlagen und Techniken. Weinheim, Basel: Beltz (Pädagogik).

Meier, Alexander (1997): Führungsmaßnahmen und mitarbeiterorientierte Motivationskonzepte zur Unterstützung des Total-Quality-Managements. Eine praxisorientierte Untersuchung. Mainz: Dissertation.

Merchel, Joachim (2004): Leitung in der sozialen Arbeit. Grundlagen der Gestaltung und Steuerung von Organisationen. Weinheim, München: Juventa-Verl.

Merchel, Joachim (2010): Qualitätsmanagement in der sozialen Arbeit. Eine Einführung. Weinheim, München: Juventa-Verl.
Merkens, Hans (2006): Qualitätsmanagement und Organisationsentwicklung. Freie Universität Berlin. Berlin. Online verfügbar unter http://www.ewipsy.fuberlin.de/einrichtungen/arbeitsbereiche/allg_paedagogik/lehrveranstaltungen/lehre_2006/12117/index.html (Zugriff: 27.07.2013, 03:12 MEZ).
Merkens, Hans (2008): Auswahlverfahren, Sampling, Fallkonstruktion. In: Ernst von Kardorff, Ines Steinke und Uwe Flick (Hg.): Qualitative Forschung. Ein Handbuch. Reinbek bei Hamburg: Rowohlt Taschenbuch-Verl. (Rororo, 55628: Rowohlts Enzyklopädie), S. 286–299.
Mertel, Barbara (2006): Arbeitszufriedenheit. Eine empirische Studie zu Diagnose, Erfassung und Modifikation in einem führenden Unternehmen des Automotives: Dissertation.
Merten, Klaus (1981): Inhaltsanalyse als Instrument der Sozialforschung. Theoretische Analyse und methologische Kritik. In: *Analyse & Kritik* 3 (1), S. 48–63.
Nerdinger, Friedemann W. (1995): Motivation und Handeln in Organisationen. Eine Einführung. Stuttgart: W. Kohlhammer.
Nerdinger, Friedemann W. (2001): Motivierung. In: Heinz Schuler (Hg.): Lehrbuch der Personalpsychologie. Göttingen [u.a.]: Hogrefe, Verl. für Psychologie, S. 349–371.
Nerdinger, Friedemann W.; Blickle, Gerhard; Schaper, Niclas (2008): Arbeits- und Organisationspsychologie. Berlin, Heidelberg: Springer Medizin Verlag Heidelberg.
Nittel, Dieter (1996): Die Pädagogisierung der Privatwirtschaft und die Ökonomisierung der öffentlich verantworteten Erwachsenenbildung. Versuch einer Perspektivenverschränkung mit biographieanalytischen Mitteln. In: *Zeitschrift für Pädagogik* 42 (5), S. 731–750.
Nötzold, Wolfgang (2002): Werkbuch Qualitätsentwicklung. Für Leiter/innen in der Erwachsenenbildung. Bielefeld: Bertelsmann (Perspektive Praxis).
Oldham, Greg R.; Hackman, J. Richard; Stapins, Leo P. (1978): Technical Report No. 16. Norms for the Job Diagnostic Survey. Yale University. New Haven. Ortlieb, Petra (1993): Qualitätsmanagement und betriebliches Anreizsystem. Pfaffenweiler: Centaurus.
Osterloh, Margit; Frost, Jutta (2002): Motivation und Wissen als strategische Ressource. In: Bruno S. Frey (Hg.): Managing Motivation. Wie Sie die neue Motivationsforschung für Ihr Unternehmen nutzen können. Wiesbaden: Gabler, S. 43–70.
Pätzold, Henning (2013): mündliche Mitteilung vom 05.11.2012, Universität Koblenz-Landau.

Peterander, Franz; Arnold, Rolf (Hg.) (2004): Qualitätsmanagement in sozialen Einrichtungen. München, Basel: E. Reinhardt.

Pfeifer, Tilo (Hg.) (2007): Masing Handbuch Qualitätsmanagement. München: Hanser.

Pfitzinger, Elmar (2009): Projekt DIN EN ISO 9001:2008. Vorgehensmodell zur Implementierung eines Qualitätsmanagementsystems. Berlin, Wien, Zürich: Beuth.

Pirsig, Robert M. (1992): Lila: oder ein Versuch über Moral. Roman. Frankfurt am Main: S. Fischer.

Probst, Gilbert (Hg.) (1983): Qualitätsmanagement, ein Erfolgspotential. Bern: Haupt (Management-Praxis).

Rheinberg, Falko (2010): Intrinsische Motivation und Flow-Erleben. In: Jutta Heckhausen (Hg.): Motivation und Handeln. Berlin, Heidelberg: Springer, S. 365–385.

Riedel, David (2012): Qualitätsprozesse dürfen auch mal belastend sein. Ein Einblick in die Lernerorientierte Qualitätstestierung in der Weiterbildung (LQW) bei kleinen Weiterbildungseinrichtungen. Otto-Friedrich-Universität Bamberg: unveröffentliche Diplomarbeit.

Ritter, Albert (2001): Mitarbeiterpartizipation als Baustein eines wirkungsvollen Qualitätsmanagements. In: Wolfgang Hansen und Gerd F. Kamiske (Hg.): Qualitätsmanagement und Human Ressources. Mitarbeiter einbinden, entwickeln und führen. Düsseldorf: Symposion, S. 9–54.

Rosenstiel, Lutz von (2003): Motivation managen. Psychologische Erkenntnisse ganz praxisnah. Weinheim, Basel, Berlin: Beltz.

Rosenstiel, Lutz von (2008): Qualitätssicherung in der betrieblichen Bildung. In: *Zeitschrift für Pädagogik* (53. Beiheft), S. 122–134.

Rosenstiel, Lutz von; Molt, Walter; Rüttinger, Bruno; Salisch, Maria von (2005): Organisationspsychologie. Stuttgart: Kohlhammer (Urban-Taschenbücher, 567).

Sanders, Karin; Kianty, Andrea (2006): Organisationstheorien. Eine Einführung; Lehrbuch. Wiesbaden: VS Verl. für Sozialwissenschaften.

Sarah Jander (2013): Faktoren gelungener Qualitätsentwicklung. Hannover: Expressum (Schriftenreihe für kritische Sozialforschung und Bildungsarbeit, 21).

Scheef, Sabine Yvonne (2009): Systemtheorie und Pädagogik. Zur Relevanz von Edukation und Bildung. Münster [u.a.]: Waxmann (Bildungswissenschaftliche Studien, 1).

Schildknecht, Rolf (1992): Total Quality Management. Konzeption und state of the art. Frankfurt/Main, New York: Campus (Campus Forschung, 692).

Schmidt, K.H; Kleinbeck. U. (1999): Job Diagnostic Survey. In: Heiner Dunckel (Hg.): Handbuch psychologischer Arbeitsanalyseverfahren. Zürich: vdf Hochschulverlag AG an der ETH Zürich.

Schmidt, K.H; Kleinbeck. U.; Rohmert, Walter (1981): Die Wirkung von Merkmalen der Arbeitssituation und Persönlichkeitsvariablen auf die Arbeitszufriedenheit und andere motivationsbezogene Einstellungsvariablen. Überprüfung eines Modells. In: *Zeitschrift für experimentelle und angewandte Psychologie* 28 (3), S. 465–485.

Schneider, Fabian (2007): Beitrag zum Management von Motivationsmassnahmen. Konzeptionierung eines Modells zur Unterstützung des Mitarbeitermotivationsmanagements in kleinen und mittleren Unternehmen durch Instrumente des Qualitätsmanagements. Berlin: wvb, Wiss. Verl.

Schnell, Rainer; Hill, Paul Bernhard; Esser, Elke (2008): Methoden der empirischen Sozialforschung. München [u.a.]: Oldenbourg (Lehrbuch).

Schuler, Heinz (Hg.) (1995): Lehrbuch der Organisationpsychologie. Göttingen [u.a.]: Hogrefe, Verl. für Psychologie.

Schuler, Heinz (Hg.) (2001): Lehrbuch der Personalpsychologie. Göttingen [u.a.]: Hogrefe, Verl. für Psychologie.

Schüpbach, Heinz (1995): Analyse und Bewertung von Arbeitstätigkeiten. In: Heinz Schuler (Hg.): Lehrbuch der Organisationpsychologie. Göttingen [u.a.]: Hogrefe, Verl. für Psychologie, S. 167–187.

Schütt, Fabian (2006): Qualitätsentwicklung als Chance für Verbesserungen? Eine Evaluation von Arbeitsbedingungen an einer Volkshochschule. In: *Der pädagogische Blick* 14 (4), S. 209–221.

Schreyögg, Georg (2003): Organisation. Grundlagen moderner Organisationsgestaltung. Wiesbaden: Gabler.

Seghezzi, Hans Dieter (2007): Konzepte - Modelle - Systeme. In: Tilo Pfeifer (Hg.): Masing Handbuch Qualitätsmanagement. München: Hanser, S. 157–171.

Senge, Peter M. (2006): The fifth discipline. The art and practice of the learning organization. Rev. and updated. New York: Doubleday/Currency.

Siegwart, Hans; Seghezzi, Hans Dieter (1983): Management und Qualitätssicherung. In: Gilbert Probst (Hg.): Qualitätsmanagement, ein Erfolgspotential. Bern: Haupt (Management-Praxis), S. 10–71.

Speck, Oliver (2004): Marktgesteuerte Qualität. eine neue Sozialphilosophie. In: Franz Peterander und Rolf Arnold (Hg.): Qualitätsmanagement in sozialen Einrichtungen. München, Basel: E. Reinhardt, S. 15–30.

Staehle, Wolfgang H.; Conrad, Peter; Sydow, Jörg (1999): Management. Eine verhaltenswissenschaftliche Perspektive. München: Vahlen.

Stegmüller, Ralph (2012): Determinanten der Lehrmotivation von Hochschulprofessoren. Bielefeld: Dissertation.

Steigleder, Sandra (2008): Die strukturierende qualitative Inhaltsanalyse im Praxistest. Eine konstruktiv kritische Studie zur Auswertungsmethodik von Philipp Mayring. Marburg: Tectum-Verl. Dissertation.

Stöber, Adolf Maria; Bindig, Rudolf; Derschka, Peter (1974): Kritisches Führungswissen. Emanzipation und Technologie in wissenschaftssoziologischer Sicht. Stuttgart: W. Kohlhammer.

Stockmann, Reinhard (2002): Qualitätsmanagement und Evaluation. Konkurrierende oder sich ergänzende Konzepte? Centrum für Evaluation - Universität des Saarlandes. Saarbrücken (CEval Arbeitspapiere Nr. 3).

Stumpf, Siegfried; Kammhuber, Stefan (2003): Organisationspsychologische Aspekte im Kulturvergleich. In: Kulturvergleichende Psychologie. Göttingen: Hogrefe, S. 487–513.

Trense, Sylke (2009): Gelungene Begründungen der Lernerorientierten Qualitätsentwicklung in Selbstreporten der Weiterbildungsorganisationen. In: Claudia Dehn (Hg.): Pädagogische Qualität. Einflussfaktoren und Wirkmechanismen; [Dokumentation der 7. Netzwerkkonferenz zur Lernorientierten Qualitätstestierung zum Thema »Pädagogische Qualität«]. Hannover: Expressum-Verl (Schriftenreihe für kritische Sozialforschung und Bildungsarbeit, 15), S. 52–68.

Ulich, Eberhard (1998): Arbeitspsychologie. Zürich: vdf, Hochschulverl. an der ETH Zürich [u.a.].

van der Neut, Kirsten M. (2006): Arbeitszufriedenheit in ganzheitlichen Managementsystemen: unveröffentliche Dissertation.

van Dick, Rolf; Schnitger, Christiane; Schwartzmann-Buchelt, Carla; Wagner, Ulrich (2001): Der Job-Diagnostic Survey im Bildungsbereich. Eine Überprüfung der Gültigkeit des Job Characteristics Model bei Lehrerinnen und Lehrern, Hochschulangehörigen und Erzieherinnen mit berufsspezifischen Weiterentwicklungen des JDS. In: *Zeitschrift für Arbeits- und Organisationspsychologie* 45 (2), S. 74–92.

Veltjens, Barbara (2009): Pädagogische Qualität im Kontext von Qualitätsmanagement. Themen, empirische Analysen, Forschungs- und Handlungsbedarfe. Deutsches Institut für Erwachsenenbildung. Bonn.

Wegner, Reinhard (1996): Lehr- und Lernmotivation. In: *Journal für Psychologie* 4 (2), S. 23–37.

Weiland, Meike (2011): Wie verbreitet sind Qualitätsmanagement und formale Anerkennungen bei Weiterbildungsanbietern? Deutsches Institut für Erwachsenenbildung. Bonn.

Weinert, Ansfried B. (1998): Organisationspsychologie. Ein Lehrbuch. Weinheim: Beltz, Psychologie Verl.-Union.

Wendt, Markus (2009): Führung, Einbindung der Mitarbeiter und Ganzheitlichkeit. Zurück zu den Wurzeln: Krise fordert Führung und motivierte Mitarbeiter. Scopar Zukunftstudie 2009. Hg. v. SCOPAR - Scientific Consulting Partners. München.

Zech, Rainer (2004): Die Notwendigkeit einer Lernerorientierten Qualitätsentwicklung für die Bildung. Hannover: ArtSet.

Zech, Rainer (Hg.) (2004): Qualität durch Reflexivität. Lernerorientierte Qualitätsentwicklung in der Praxis. Hannover: Expressum-Verl. (Schriftenreihe für kritische Sozialforschung und Bildungsarbeit, 10).

Zech, Rainer (2006): Lernerorientierte Qualitätstestierung in der Weiterbildung. Leitfaden für die Praxis. Hannover: Expressum-Verl. (Lernerorientierte Qualität in der Weiterbildung, Modellversion 3).

Zech, Rainer (2007): ...denn sie wissen, was sie tun! Zur Reflexivität und Begründetheit einer Lernerorientierten Qualitätsentwicklung. In: Walter Bender und Rainer Zech (Hg.): ... denn sie wissen, was sie tun! Auf dem Weg zur selbstreflexiven Organisation ; Fallstudien zur lernerorientierten Qualitätsentwicklung. Hannover: Expressum-Verl. (Schriftenreihe für kritische Sozialforschung und Bildungsarbeit, 12), S. 12–19.

Zech, Rainer (2008): Handbuch Qualität in der Weiterbildung. Weinheim, Basel: Beltz (Weiterbildung und Qualifikation).

Zech, Rainer; Angermüller, Jörg (2006): Handbuch lernerorientierte Qualitätstestierung in der Weiterbildung (LQW). Grundlegung - Anwendung - Wirkung. Bielefeld: Bertelsmann.

Zech, Rainer; Braucks, Diane (2004): Qualität durch Reflexivität. Lernerfolge, Entwicklungsbedarfe und Erfolgsfaktoren der Qualitätsentwicklung. In: Rainer Zech (Hg.): Qualität durch Reflexivität. Lernerorientierte Qualitätsentwicklung in der Praxis. Hannover: Expressum-Verl. (Schriftenreihe für kritische Sozialforschung und Bildungsarbeit, 10).

Zech, Rainer; Ehses, Christiane (Hg.) (1999): Organisation und Lernen. Hannover: Expressum (Schriftenreihe für kritische Sozialforschung und Bildungsarbeit, 5).

Zink, Klaus J. (1987): Quality circles. München, Wien: Hanser.

Personenverzeichnis

Adams, John Stacey 58
Altmann, Hans Christian 63, 64
Arnold, Rolf 28, 30
Atteslander, Peter 84, 85, 88, 99
Becker, Roman 16, 62
Behrmann, Detlef 34
Benes, Georg 35, 64
Bindig, Rudolf 62
Blickle, Gerhard 52, 54, 72
Bortz, Jürgen 83, 85, 87, 93, 94, 99, 100
Bosche, Brigitte 63
Braucks, Diane 38, 41, 42, 68
Brauer, Jörg-Peter 25, 34
Bremer, Peik 25, 31, 33
Brommer, Eva 64
Brückner, Fabian 40, 92
Brüggemann, Holger 25, 31, 33
Brüggemann, Mathias 17, 81
Bruhn, Manfred 26, 34
Bülow-Schramm, Margret .. 21, 24, 26, 33
Campbell, John P. 58
Crosby, Philip B. 53
Crostack, H.A. 64
Csikszentmihalyi, Mihaly 55, 61
Cube, Felix von 61
Deci, Edward L. 56

Deeg, Jürgen 119, 121
Derschka, Peter 62
Dick van, Rolf 80
Diekmann, Andreas 99
Dietrich, Stephan 38
Dilthey, Wilhelm 83
Donabedian, Avedis 29
Dörpinghausen, Andrea 40, 41
Dubs, Rolf 23
Ehses, Christiane. ...23, 38, 43, 46, 48
Ellinger, Stephan 68
Erhart, Friederike 38, 40
Etzel, Gerhard 54, 55, 56
Fendler, Folker 28, 29, 30
Fischer, Lorenz 53, 54
Frey, Bruno S. 54, 56, 57, 58, 63
Galiläer, Lutz 15, 21, 24, 28
Garvin, David A. 26
Geißler, Harald 67
Gieseke, Wiltrud 24
Green, Diana 26, 28
Hackman, Richard J. 17, 73, 75, 76, 78, 79, 80, 94
Hansen, Wolfgang 65
Hartz, Stefanie .. 15, 21, 22, 23, 25, 26, 30, 32, 34, 36, 38, 45
Harvey, Lee 26, 28

Heckhausen, Jutta 53
Heinen-Tenrich, Jürgen 37
Helmke, Andreas ...21, 22, 23, 24, 25
Herzberg, Frederick 72, 81
Hippel, Aiga von 28
Holtz, Karl-Ludwig 42
Holzkamp, Klaus 43
Horkheimer, Max 41
Hornstein, Walter. ...21, 22, 23, 24, 25
Hucklenbroich, Uwe 63
Humboldt, Alexander von 41
Humpert, Markus 41
Hunecke, Ralf 17, 81
Jander, Sarah 24, 46, 64
Jost, Peter-Jürgen 64
Juran, J.M. 16, 66, 67
Kamiske, Gerd F. 24, 26, 34, 65
Kauffeld, Simone 53
Kil, Monika 68, 81
Kirchler, Erich 71
Kleinbeck, Uwe...61, 72, 78, 80, 94
Knoll, Jörg 21, 32
Korsmeier, Susanne 65
Krewerth, Andreas 38
Kuper, Harm 21, 22, 25
Lamnek, Siegfried... 83, 85, 87, 88, 89, 98, 99
Lieb, Helmut 58, 65, 72, 123
Locke, Edwin A. 51
Luhmann, Niklas 41
March, James 58
Masing, Walter 16, 62

Mayring, Philipp...... 84, 87, 88, 91, 93, 94
Mayring, Uwe 97
Meier, Alexander 63
Meisel, Klaus..... 22, 25, 30, 32, 36, 38, 45
Merchel, Joachim..... 29, 30, 31, 67
Merkens, Hans 35, 85
Mertel, Barbara 52, 63
Merten, Klaus 86
Molt, Walter 52, 54, 72, 75
Münche, Hans U. 54, 55, 56
Mütze, Susanne 17, 81
Nerdinger, Friedemann W... 52, 53, 58, 72
Neut van der, Kirsten M. 16, 63
Nittel, Dieter 22
Nötzold, Wolfgang 32
Oldham, Greg R. 17, 73, 75, 76, 78, 79, 80, 94
Ortlieb, Petra...... 33, 62, 64, 65, 72, 80, 123
Osterloh, Margit 56, 57, 63
Pfitzinger, Elmar 35
Pirsig, Robert M 24
Pritchard, Robert D. 58
Rheinberg, Falko 55, 56, 57
Riedel, David 24
Ritter, Albert 62
Rosenstiel, Lutz von..... 28, 52, 54, 58, 63, 64, 72, 75
Rüttinger, Bruno 52, 54, 72, 75
Ryan, Richard M. 56, 57
Schade, Hans-Joachim 38

Personenverzeichnis

Schaper, Niklas 52, 54, 72
Scheef, Sabine Yvonne 41
Schein, Edgar H. 73
Schildknecht, Rolf 16
Schmidt, Karl-Heinz 61, 72, 78, 80, 94
Schneider, Fabian ...16, 59, 62, 63, 64, 73, 123
Schnell, Rainer 83
Schnorr, Karl Eberhard 41
Schreyögg, Georg..........51, 54, 64, 119, 121
Schüpbach, Heinz 71
Schütt, Fabian 68, 81, 121
Scott, W.E. 72
Seghezzi, Hans Dieter.... 31, 33, 35
Senge, Peter M. 40
Simon Herbert, Harm 58
Speck, Oliver 22
Stegmüller, Ralph 68

Steigleder, Sandra ... 83, 86, 88, 89, 94, 97
Stöber, Adolf 62
Stockmann, Reinhard 25
Taylor, Frederick Winslow 71
Terhart, Ewald ... 21, 22, 23, 24, 25
Trense, Sylke 39, 44
Twain, Mark 54
Ulich, Eberhard 65, 72
Veltjens, Barbara 62
Vossebein, Ulrich 35, 64
Vroom, Victor 81
Wegner, Reinhard 67
Weibler, Jürgen 119, 121
Weiland, Meike 15, 35, 36
Weinert, Ansfried B. 59
Zech, Rainer.. ...15, 23, 36, 38, 39, 40, 41, 42, 43, 46, 47, 48, 49, 68, 86, 91, 92, 120, 121
Zink, Klaus............................... 57

The manufacturer's authorised representative in the EU is Springer Nature Customer Service Centre GmbH, Europaplatz 3, 69115 Heidelberg, Germany. If you have any concerns regarding our products, please contact ProductSafety@springernature.com

Printed and bound by CPI Group (UK) Ltd, Croydon, CR0 4YY

23/03/2026

02076395-0006